V&R

Kommentar zu den Apostolischen Vätern

Herausgegeben von
N. Brox, G. Kretschmar und
K. Niederwimmer

Fünfter Band

1995
Vandenhoeck & Ruprecht
in Göttingen

Die Polykarpbriefe

übersetzt und erklärt von
Johannes Bapt. Bauer

1995
Vandenhoeck & Ruprecht
in Göttingen

Ergänzungsreihe zum
Kritisch-exegetischen Kommentar
über das Neue Testament
Band 5

Die Deutsche Bibliothek – CIP-Einheitsaufnahme

Kommentar zu den Apostolischen Vätern:
[Ergänzungsreihe zum Kritisch-exegetischen Kommentar
über das Neue Testament] /
hrsg. von N. Brox ... –
Göttingen: Vandenhoeck und Ruprecht.
NE: Brox, Norbert [Hrsg.]
Bd. 5. Bauer, Johannes B.: Die Polykarpbriefe. – 1995
Bauer, Johannes B.:
Die Polykarpbriefe / übers. und erkl. von Johannes Bapt. Bauer –
Göttingen, Vandenhoeck und Ruprecht, 1995
(Kommentar zu den Apostolischen Vätern; Bd. 5)
ISBN 3-525-51678-9
NE: Polycarpus ⟨Smyrnaeus⟩: [Sammlung ⟨dt.⟩] Briefe; Polycarpus
⟨Smyrnaeus⟩: Briefe

Satz und Druck: Gulde-Druck GmbH, Tübingen
Bindearbeit: Hubert & Co., Göttingen

Vorwort

Was Polykarp schrieb, ist kein Werk hoher Theologie, gibt aber einen wichtigen Einblick in die Situation der Kirche in Kleinasien im frühen 2. Jahrhundert. Probleme der Interpretation wie der Nähe zu den Pastoralbriefen (H. von Campenhausen), der Einheit des als ein Brief überlieferten Textes beschäftigen die Forschung bis heute. Nirgends scheint das letzte Wort gesprochen. Wir haben uns hinsichtlich der Teilung des Briefes in 1 Pol und 2 Pol der These P. N. Harrisons, die J. A. Fischer noch präzisiert hat, angeschlossen, die auch die Zustimmung der Patrologen wie B. Altaner, J. Quasten und H. R. Drobner gefunden hat.

Eine ganz sichere Datierung läßt sich wohl nicht angeben. 1 Pol wird im Todesjahr des Ignatius geschrieben worden sein, 2 Pol einige Zeit später, als Ignatius schon als Märtyrer eine gewisse Berühmtheit erlangt hatte. Da eine antimarkionitische Tendenz nicht mit Bestimmtheit erschlossen werden kann, bleibt die Frage nach der Abfassungszeit des 2 Pol offen, fällt also wohl in das 2. oder 3. Jahrzehnt des 2. Jahrhunderts.

Den Herausgebern habe ich für manchen Hinweis zu danken, meiner Assistentin Frau Dr. Anneliese Felber besonders für das Erstellen des Registers sowie für gewissenhaftes Korrekturlesen, für letztere Tätigkeit auch Herrn Alfons Fürst, Assistent bei Prof. Brox.

Inhalt

A. Einleitung

§ 1 Smyrna

Smyrna (heute Izmir), eine uralte Stadt[1] an der Westküste Kleinasiens, als Handelsstadt mit Ephesus und Milet in Konkurrenz, wurde 688 v. Chr. Mitglied des jonischen Bundes. Nach seiner Eroberung durch Alyattes von Lydien 627 hörte die Stadt für 300 Jahre zu existieren auf, wurde wiedergegründet durch Antigonus und Lysimachus nach Alexanders Einnahme von Sardes und wurde bald zu einer der Hauptstädte Asiens. Während der römischen Periode war Smyrna berühmt wegen seines Wohlstands, seiner prachtvollen Bauwerke, seiner Pflege von Wissenschaft und Medizin. Smyrna ergriff Partei für Rom gegen Mithridates. In der Kaiserzeit verdankte die Stadt viel der römischen Gunst. Smyrna erhob Anspruch auf die Geburt des Homer. Es gab ein unter Kaiser Claudius erneuertes Theater, das etwa 20000 Zuschauer faßte. Die Stadt besaß einen Tempel der Aphrodite Stratonikis, der Asylrecht hatte, weiters das Metroon, den Tempel der Μεγάλη Μήτηρ θεῶν Σιπυληνή, einer Hauptgottheit der Stadt; Tacitus (ann. 4,54f.) erwähnt, daß 195 v. Chr. ein Tempel der Roma gebaut wurde. Die Stadt war im 2. Jahrhundert auch von erheblicher wirtschaftlicher Bedeutung.[2]

Den christlichen Glauben empfing Smyrna sicherlich schon in der zweiten Hälfte des 1. Jahrhunderts.[3] Smyrna ist eine der sieben Kirchen, an die sich der Schreiber der Johannesapokalypse wendet: „Dies spricht er, der erste und der letzte, der tot war und wieder lebendig wurde: ich weiß, daß du bedrängt und arm bist; aber du bist dennoch reich. Und ich weiß, daß du geschmäht wirst von denen, die behaupten, sie seien Juden; sie sind aber keine Juden, sondern die Synagoge Satans. Fürchte dich nicht vor dem Leiden, das dir bevorsteht! Der Teufel wird einige von euch ins Gefängnis werfen, um euch auf die Probe zu stellen, und ihr werdet zehn Tage lang in Bedrängnis sein. Sei treu bis in den Tod; dann werde ich dir den Kranz des Lebens geben. Wer Ohren hat, der höre, was der Geist den Kirchen sagt: Alle, die siegen, kann der zweite Tod nicht verderben" (Offb 2,8–11). Die Offenbarung, geschrieben unter der Regierungszeit des römischen Kaisers Domitian (81–96), der als erster der römischen Cäsaren bereits zu seinen Lebzeiten göttliche Verehrung von seinen Untertanen forderte, spielt hier offenbar auf eine kurzfristige (zehn Tage) Verfolgung von

---

[1] Vgl. L. Bürchner, Smyrna, RE III A, 1927, 730–764; A.M. Mansel, Smirne, EAA 7, 1966, 376–378; C.J. Cadoux, Ancient Smyrna, Oxford 1938.

[2] T.R.S. Broughton, Roman Asia Minor, in: R.M. Haywood, Roman Africa. An Economic Survey of Ancient Rome, vol. 4, New Jersey 1959, 750–752.

[3] H. Leclercq, Smyrne, DACL 15/2, 1953, 1519–1548.

Christen durch diesen Kaiser an. Was die Juden betrifft, so ist bekannt, daß die Stadt damals schon längst eine einflußreiche jüdische Kolonie beherbergte. Anfeindungen der Christen durch Juden erwähnt schließlich das Polykarpmartyrium (17,2–18,1).[4]

§ 2 Zum Leben Polykarps

Die von F. Diekamp edierte Vita Polykarps eines Pseudo-Pionius[5] ist ungeschichtlich und stammt wohl aus dem Ende des 4. Jahrhunderts. Die wichtigsten Daten aber lassen sich den Briefen des Ignatius, den Werken des Irenäus von Lyon und des Eusebius sowie dem Martyrium Polykarps und natürlich der vorliegenden Briefe an die Philipper entnehmen.

Die Ignatiusbriefe, die trotz der jüngsten Bestreitung durch R. Joly als echt gelten dürfen, geben uns einige Hinweise. Im Brief an die Kirche von Smyrna wird Polykarp zwar nicht genannt, aber wir erfahren, daß die Hierarchie dort dreigeteilt ist (Bischöfe, Priester, Diakone: 8,1; 9,1; 12,2), daß die Kirche von Smyrna gespalten ist, auf der einen Seite Doketen stehen, die die wirkliche Menschwerdung Christi leugnen (5,2) und „von der Eucharistiefeier und vom Gebet fern bleiben, weil sie nicht bekennen, daß die Eucharistie das Fleisch unseres Erlösers Jesus Christus ist, das für unsere Sünden gelitten, das der Vater in seiner Güte auferweckt hat" (7,1). Demgegenüber feiern wieder andere die Eucharistie und spenden die Taufe ohne den Bischof (8,1).

Genannt wird Polykarp an drei Stellen der Ignatianen, selbstverständlich in der Anschrift des Briefs an Polykarp, der als Bischof der Kirche der Smyrnäer bezeichnet wird, „der aber vielmehr als Bischof Gott Vater und den Herrn Jesus Christus über sich hat", womit vielleicht darauf abgehoben ist, daß Polykarp sich nicht selbst Bischof nennt. Im Brief an die Epheser, den Ignatius aus Smyrna schreibt, tut er dies „in Dankbarkeit gegen den Herrn, in Liebe zu Polykarp wie auch zu euch" (21,1). Im Brief an die Magnesier, den er ebenfalls aus Smyrna abschickt, erwähnt er, daß Epheser, die gerade in Smyrna sind, ihn vielfach gestärkt hätten „zusammen mit Polykarp, dem Bischof der Smyrnäer" (15). Was wir jedenfalls von Ignatius über Polykarp erfahren, ist, „daß in Smyrna ebenso wie in den übrigen kleinasiatischen Kirchen die Institution des monarchischen Episkopates in Verein mit den beiden anderen Ämtern keine unumstrittene ist. In der Tat geben die beiden Schreiben, die Ignatius nach Smyrna gerichtet hat, ein deutliches Bild von den schweren Differenzen innerhalb dieser Kirche. Mit ihnen hat sich der Bischof Polykarp auseinanderzusetzen gehabt".[6]

Irenäus, zwischen 130 und 140 geboren, ab etwa 177 Bischof von Lyon, stammt aus Kleinasien. Er gibt an, als Kind noch die Predigten des greisen

---

[4] Zur jüdischen Gemeinde Smyrnas vgl. H. Leclercq, Judaisme, DACL 8, 1928, 77.
[5] Funk – Diekamp, Patres Apostolici Bd. 2, 402–450.
[6] Meinhold, Polykarpos, 1664.

Polykarp gehört zu haben. „Ich könnte dir", schreibt er an Florinus (bei Euseb. h.e. V,20,6), „noch den Ort nennen, wo der selige Polykarp saß und lehrte und sein Aus- und Eingehen sowie sein ganzes Verhalten und sein Aussehen und die Reden, die er vor dem Volk hielt, und wie er erzählte von seinem Verkehr mit Johannes und den anderen, die den Herrn gesehen hatten, und wie er deren Worte anführte und was er von ihnen über den Herrn und dessen Wundertaten und Lehre gehört hatte." Tertullian (praescr.haer. 32) will wissen, daß Polykarp noch durch den Apostel Johannes zum Bischof von Smyrna bestellt worden sei. Irenäus sagt nur (haer. III,3,4), daß Polykarp „von den Aposteln" zum Bischof eingesetzt worden sei. Irenäus bezeugt an der angeführten Stelle, daß Polykarp immer das lehrte, „was er auch von den Aposteln erlernt hatte, was auch die Kirche verkündet, was auch allein wahr ist". Polykarp, als anerkannte Autorität in Kleinasien, reiste auch nach Rom und verhandelte mit dem dortigen Bischof Aniket über kirchliche Angelegenheiten wie das österliche Fasten und über den Tag der Osterfeier (Irenäus, Brief an Viktor bei Euseb. h.e. V,24,14–17; vgl. ebd. IV,14,1). Während Aniket die abendländische Praxis verteidigte, trat Polykarp für die quartodezimanische ein, ohne daß man eine Einigung erreichen konnte, aber auch ohne daß man die Gemeinschaft brach; ja Aniket ließ Polykarp sogar in der Kirche die Eucharistie feiern, wonach sie in Frieden voneinander schieden.

In Rom soll Polykarp auch verschiedene Häretiker bekehrt haben, Valentinianer und Markioniten (Irenäus haer. III,3,4). Wahrscheinlich nicht erst in Rom, sondern schon in Kleinasien dürfte die bekannte Szene stattgefunden haben, daß nämlich Markion dem Polykarp begegnete und ihn fragte, ob er ihn kenne, worauf Polykarp geantwortet habe: „Ich kenne sehr wohl den Erstgeborenen Satans". Damit wird eine Stelle Polykarps (2 Pol 7,1) in Zusammenhang gebracht, ohne daß dabei ein geschichtlicher Bezug hergestellt werden könnte. Nicht lange nach seiner Romreise, die er bald nach 150 unternommen haben wird, ist Polykarp den Märtyrertod gestorben. Seine Aussage: „86 Jahre diene ich ihm (Christus), und er hat mir nie etwas zuleid getan, wie kann ich meinen König lästern, der mich erlöst hat?" (MartPol 9,3) läßt zunächst daran denken, daß die Datierung ab seiner Taufe gegeben ist. Die Interpreten lösen die Schwierigkeit, daß Polykarp ein allzu hohes Alter erreicht haben sollte, damit, daß sie entweder annehmen, Polykarp sei schon in frühester Kindheit getauft worden, oder er gäbe mit seinen Worten seine ganze Lebenszeit an. Wir haben hier denselben Fall vor uns wie bei der Prophetin Hanna (Lk 2,36f.). Wären bei ihr die 84 Jahre nur auf die Zeit ihres Witwenstandes zu beziehen und nicht auf ihr Alter überhaupt, dann wäre sie über 100 Jahre alt gewesen. Auch hier haben die Exegeten offenbar recht, die die Stelle erklärend so übersetzen: „Nachdem Hanna (nur) sieben Jahre mit einem Manne (in der Ehe) gelebt hatte seit ihrer Jungfrauschaft, war sie (dann) Witwe geblieben bis zu (ihrem jetzigen Alter von) 84 Jahren".[7] Es ist im gewissen Sinn eine Denominatio a parte potiore. Das

---

[7] J. Schmid, Das Evangelium nach Lukas, Regensburg 1955³, 74.

ganze Leben wird nach dem benannt, was es prägte. Wann das Martyrium Polykarps stattgefunden hat, ist seit langem höchst kontrovers. Verfolgt man die Forschungsgeschichte und die Argumentation, so kommt man heute mit einiger Sicherheit auf das Todesdatum, den 23. Februar 167.[8]

§ 3 Das literarische Genus und der Stil

Polykarps Briefe gehören zu den „echten" Briefen.[9] Polykarp erreicht aber in der Nachahmung des Paulus und des Ignatius weder die Höhe des einen noch des anderen, verfällt eher in die Allgemeinheiten des 1. Clemensbriefs. „Die Originalität ist geringer als der gute Wille des Briefschreibers. Er lehnt sich krampfhaft, selbst im Wortlaut, an die Vorgänger in der Briefstellerei an, und so tendiert das ganze Schreiben bedenklich nach der ‚Epistel' hin; die warme religiöse Persönlichkeit, die hinter dem Schreiben steht, versöhnt freilich den Leser einigermaßen mit seiner literaturgeschichtlichen Bedeutungslosigkeit; die Bedeutung des Briefes als Quelle ist dagegen sehr erheblich".[10] Daß der Stil des Polykarp schlichter und einfacher als der des Ignatius ist, steht schon in der Bibliothek des Photius: „Gelesen wurde auch der Brief des Polykarp an die Philipper, der viel Ermahnung in Klarheit und Einfachheit gemäß der kirchlichen Ausdrucksform enthält" (ἀνεγνώσθη καὶ Πολυκάρπου ἐπιστολὴ πρὸς Φιλιππησίους γέμουσα πολλῆς νουθεσίας μετὰ σαφηνείας καὶ ἁπλότητος κατὰ τὸν ἐκκλησιαστικὸν τῆς ἑρμηνείας τύπον).[11] Bezeichnend ist die Charakteristik E. Nordens: „Polykarp liest man schnell herunter ohne anzustoßen, während Ignatius fast in jedem Satz Probleme bietet. Die Sprache ist weder zu loben noch zu tadeln; kein ungewöhnliches Wort, kein Anakoluth, aber auch kein origineller Gedanke, keine Rhetorik, weder des Herzens noch des Kopfes (z.B. fehlt jede Antithese)."[12]

---

[8] D. van Damme, 1904 mit Lit. 1907. Auch Frede, Aktualisierungsheft 1984 hat sich für dieses Datum entschieden.

[9] Schneider, Brief, 576.

[10] H. Jordan, Geschichte der altchristlichen Literatur, Leipzig 1911, 137f. – Zur Unterscheidung zwischen Brief und Epistel vgl. A. Deissmann, Licht vom Osten, Tübingen 1923⁴, 194f.; weiters allg. Schneider, Brief; G. Luck, Brief und Epistel in der Antike, Altertum 7, 1961, 77–84; G.W. Doty, The Classification of Epistulary Literature, CBQ 31, 1969, 183–199; G. Scarpat, Epistolografia, in: Introduzione allo Studio della Cultura classica I, Milano 1972, 473–512; E. Suarez de la Torre, La epistolografia griega, ECl 23, 1979, 19–46.

[11] Zitiert bei W. Schmid – O. Stählin, Geschichte der griechischen Literatur, HAW VII 2/2, München 1924⁸ (Nachdr. 1961), 1229 Anm. 1.

[12] E. Norden, Antike Kunstprosa Bd. 2, Darmstadt 1958⁵, 512.

§ 4 Die Überlieferung des griechischen Textes

Nach dem Zeugnis des Irenäus bei Eusebius (h.e. V,20,8) hat Polykarp „sowohl an Nachbargemeinden, die er im Glauben bestärken wollte, als auch an einzelne Christen, die er ermahnte und ermunterte, Briefe geschrieben". Eusebius berichtet aus Irenäus. Erhalten ist nur „ein sehr lehrreicher Brief Polykarps an die Philipper. Wer Lust dazu hat und für sein Seelenheil besorgt ist, kann aus demselben die Art seines Glaubens und die Predigt der Wahrheit lernen" (wieder Irenäus bei Euseb. h.e. IV,14,8). Mit Irenäus kennt auch Eusebius (h.e. III,36,13) nur diesen einen Brief.

Erhalten ist dieser Brief in neun oder zehn (wenn das von Usher benützte Manuskript nicht mit dem Casanatensis identisch ist) auf einen Archetyp zurückgehenden Handschriften. Sie alle enden mit Kap. 9,2 (δι' ἡμᾶς ὑπό), worauf unmittelbar Barnabasbrief 5,7 folgt. Es ist also in der Vorlage, von der alle erhaltenen Handschriften abhängen, etwas ausgefallen. Daß das nur ein bis zwei Blätter gewesen seien, wie O. von Gebhardt[13] berechnet hat, ist unwahrscheinlich.

Eine Berechnung des ausgefallenen griechischen Textes ergibt einen Umfang von etwa zehntausend Buchstaben. Ein Papyruscodex der Ignatiusbriefe aus dem 5. Jahrhundert, ein Doppelblatt, zeigt 28–29 Zeilen und etwa 37 Buchstaben pro Zeile.[14] Das ergibt wenig über tausend Buchstaben pro Seite, also 10 Papyrusseiten für unsere Lücke. P. Oxy. 208 (weiters 1781) bietet ein Doppelblatt aus einem Papyruscodex des 3. Jahrhunderts mit dem Johannesevangelium aus Kap. 1 und Kap. 20, sodaß das Doppelblatt ziemlich am Anfang bzw. am Ende des Buches, das offenbar das ganze Johannesevangelium in einer einzigen Lage enthielt, stammen muß. 27 Zeilen pro Seite, die Zeile zu etwa 25 Buchstaben, ergaben pro Seite 675 Buchstaben, pro Doppelblatt also 2700. Da die Methode, einen umfangreicheren Text auf Doppelblättern einer einzigen gehefteten Lage zu schreiben, sich als wenig praktikabel erwies, ging man bald dazu über, mehrere Lagen geringeren Umfangs, meist Quaternionen, zu einem Buch zusammenzufügen. Ein Quaternio würde in diesem Codex 10 800 Buchstaben umfassen. Ein Codexblatt aus einem Acta-Codex des 6. Jahrhunderts[15] zeigt 29 Zeilen zu in der Regel 21 Buchstaben pro Zeile, was 609 Buchstaben pro Seite und 9744 Buchstaben für den Quaternio ergibt. Ein weiteres Papyrusblatt aus einem Acta-Codex aus dem 5. Jahrhundert[16] hat durchschnittlich 30 Buchstaben pro Zeile und ca. 21 Zeilen auf der Seite, was 630 Buchstaben pro Seite und 10 800 für den Quaternio ergibt. Man wird also annehmen dürfen, daß die

---

[13] De Gebhardt – Harnack – Zahn, Fasc. II, X Anm. 1. Zustimmend zitiert von J.M. Heer, Die Versio Latina des Barnabasbriefes, Freiburg i.Br. 1908, LXIV.

[14] Berliner Klassikertexte VI: Altchristliche Texte, Berlin 1910, 3–12 (P. 10581).

[15] P.Gr.Vind. 19918, Mitteilungen aus der Papyrussammlung der Nationalbibliothek in Wien 4, 1946, 65 f.

[16] P.Gr.Vind. 26020, ebd. 66 f.

Vorlage im gefragten Fall bei einem der gängigen Formate höchstwahrscheinlich einen Quaternio verloren hat.

Die prekäre Überlieferung der vereinigten Polykarpbriefe (2 plus 1 Pol) hat als Archetyp den Cod. Vat. gr. 859 (Siegel v) aus dem 11. Jahrhundert. Daraus dürfte nicht nur eine nicht auf uns gekommene armenische Übersetzung geflossen sein, sondern alle anderen erhaltenen griechischen Abkömmlinge. Entdeckt hat den griechischen Text als erster Francisco Torres (Turrianus).[17] Er hielt die vereinigten Briefe des Polykarp und des Barnabas für eine längere Fassung des Briefs, der bisher allein ediert worden ist. 1633 hat dann Petrus Halloix den griechischen Text herausgegeben und zwar aus einer Abschrift, die Jacob Sirmond aus der Abschrift des Turrianus gemacht hatte, und aus einer anderen Abschrift, sei es des gleichen oder eines ganz ähnlichen Codex, die er von Andreas Schott erhalten hatte. P. Halloix hat auch bemerkt, daß er in dieser handschriftlichen Überlieferung nicht eine andere Rezension des Briefs, als sie sich in der lateinischen Übersetzung findet, vor sich habe, sondern daß hier zwei verschiedene, verstümmelte Briefe (Pol plus Barn) miteinander verbunden waren. Jakob Usher hat dann 1644 eine Neuausgabe aufgrund der Abschrift eines Exemplars von Schott, welches Salmasius abgeschrieben hatte und ihm durch Isaak Voss vermittelt worden war, herausgebracht. Nach diesen Ausgaben entstanden weitere bis zu der von M. I. Routh 1823. W. Jacobson und A. R. M. Dressel haben dann von neuem Codices verglichen und zwar den schon erwähnten Vaticanus 859, den Mediceus-Laurentianus plut. VII Nr. 21 aus dem 16. Jahrhundert, Jacobson außerdem den Parisinus 937 (Colbertinus) aus dem 16. Jahrhundert, Dressel drei römische Codices, den Ottobonianus 348 aus dem 16. Jahrhundert, den Casanatensis G. V. 14 ebenfalls aus dem 16. Jahrhundert und den Barberinus 7 oder eine Abschrift, die Lukas Holstenius aus dem Codex des Klosters des heiligen Silvester auf dem Quirinal (jetzt Alexandrinus-Vaticanus 11) gemacht hatte. O. von Gebhardt hat schließlich noch den Codex Borbonicus II A. 17 (Neapel) entdeckt und Th. Zahn hat daraus einige Varianten publiziert. Daß diese Codices alle aus einem Archetyp stammen, geht daraus hervor, daß sie alle an der gleichen Stelle abbrechen und den Rest vermissen lassen. Da Vaticanus, Ottobonianus, Florentinus und Parisinus neben der Briefkombination (Pol Barn) auch die Pseudo-Ignatianen bieten, die übrigen Codices, Casanatensis, Barberinus, Neapolitanus, Alexandrinus-Vaticanus, aber nicht, hat Th. Zahn die Codices in zwei Familien geteilt, wobei er die vier letzten als schlechter als die vorgenannten einstufte.[18] J. B. Lightfoot[19] hat erkannt, daß diese letztere Familie den Vaticanus als gemeinsame Quelle hat, F. X. Funk aber hat keinen Zweifel daran gelassen, daß auch die übrigen Codices aus dem Vaticanus erflossen sind. Da sie schlechter als die erstgenannten sind, können sie

---

[17] Siehe Funk, Patres Apostolici Bd. 1, XCVII–XCIX und ders., Der Codex Vaticanus gr. 859 und seine Descendenten, ThQ 62, 1880, 629–637.

[18] De Gebhardt – Harnack – Zahn, Fasc. II, XLIV.

[19] Siehe Funk, Patres Apostolici Bd. 1, XCVIII.

ohne Schaden vernachlässigt werden. Ein gleiches stellt Funk von einem Codex Andrius fest, über den 1883 berichtet worden ist.[20] Funk folgt deshalb in seiner großen Ausgabe allein dem Vaticanus, dessen Lesungen, ausgenommen Akzent- und Spiritusfehler, er umso genauer wiedergibt, als er eben die übrigen Codices beiseite läßt. Auf die alte lateinische Übersetzung sei zwar Rücksicht zu nehmen, sie trage aber zur Textkonstitution im Gegensatz zur Meinung Hilgenfelds nur ganz Weniges bei.[21] Jüngst hat F.R. Prostmeier[22] auf einen weiteren Abkömmling unseres vorgenannten Archetyps, des Vaticanus gr. 859 aufmerksam gemacht, nämlich auf den aus dem 16. Jahrhundert stammenden Codex Vaticanus gr. 1655. Da er sich wie die anderen bekannten griechischen Handschriften mittelbar aus dem Archetyp herleitet, ist er bestenfalls für die genauere Erstellung einer Textgeschichte des Polykarpbriefs, nicht aber für die Textkritik von Bedeutung. Da wir eine kritische Textausgabe nicht zu erstellen haben, brauchen wir noch weniger auf die Textgeschichte einzugehen.

§ 5 Die alte lateinische Übersetzung

Die Erstausgabe der alten lateinischen Übersetzung veranstaltete Iacobus Faber Stapulensis zusammen mit den Pseudo-Ignatianen 1498.[23] Es folgten mehrere Ausgaben im 16. Jahrhundert. Bessere Editionen veranstalteten J. Usher, J.B. Cotelier, W. Jacobson und A.R.M. Dressel.[24] Auf einer kritischen Bearbeitung ausschließlich der gedruckten Editionen beruht der lateinische Text Th. Zahns.[25] Eine Teilausgabe der Kap. 10, 11, 12, 14 und des letzten Verses des 13. Kapitels aufgrund mehrerer Handschriften veranstaltete J.B. Lightfoot.[26] Diesen Teil hat auch A. Hilgenfeld lateinisch herausgegeben, aber auch nur unter Benützung bereits gedruckter Texte.[27] Aufgrund von vier Handschriften hat schließlich F.X. Funk[28] den gesamten Text neu herausgegeben. Die vier Codices sind ein Parisinus 1639, Pergament in folio 12. Jahrhundert, von ihm mit dem Siegel f bezeichnet; ein Pergamentcodex ebenfalls in folio aus dem 12. Jahrhundert (229 Colleg. Baliol.) in Oxford, daher mit o bezeichnet; der Regius 81 der Vaticana, ein Pergamentcodex in Oktav aus dem 9. Jahrhundert,

---

[20] Näheres ebd.

[21] Ebd.

[22] F.R. Prostmeier, Zur handschriftlichen Überlieferung des Polykarp- und des Barnabasbriefes. Zwei nicht beachtete Deszendenten des Cod.Vat.gr. 859, VigChr 48, 1994, 48–64.

[23] Auf der Basis eines Pariser Codex (Bibl. Nat. 1639) verglichen mit dem Oxforder Codex 229 (Colleg. Baliol.).

[24] Vgl. Funk, Patres Apostolici Bd. 1, XCVIf.

[25] De Gebhardt – Harnack – Zahn, Fasc. II (1876).

[26] The Apostolic Fathers, 338–350.

[27] ZWTh 29, 1886, 180–194.

[28] Appendix zu F.X. Funk, Die Echtheit der Ignatianischen Briefe aufs Neue vertheidigt, Tübingen 1883.

mit v bezeichnet und schließlich der Palatinus 150, ein Pergamentcodex in
Oktav aus dem 14. Jahrhundert in der Bibliotheca Vaticana, bezeichnet mit p.[29]

Zwei von ihm als textkritisch ziemlich wertlos eingestufte Codices (einen
Mediceus und einen Magdalenensis), beide aus dem 15. Jahrhundert, hat er wohl
mit Recht bei Seite gelassen. Zwei ältere Codices hat er, so viel ich sehe, weder
erwähnt noch benützt. Es sind Arras 281 (51) vom Anfang des 11. Jahrhunderts
und Bruxelles 1024 (5504–12) ebenfalls aus dem 11. Jahrhundert.[30] Beide Codices hat F. Diekamp für seine Neuedition der Pseudo-Ignatianen herangezogen.[31] Da die ganze alte lateinische Übersetzung kritisch nur in der erwähnten
(Anm. 28) Appendix Funks vorliegt und daher schwer zugänglich ist, gebe ich
im Anhang dessen Ausgabe wieder.

Die lateinische Übersetzung, die in den Ausgaben von C. J. Hefele, F. X. Funk
und F. X. Funk – F. Diekamp dem griechischen Text gegenübersteht, ist nämlich
mit Ausnahme der im Griechischen fehlenden Partien (wofür eben die alte
lateinische Übersetzung eintritt) eine von J. B. Cotelier neu angefertigte Übersetzung. Nun hätte ich gern die beiden erwähnten Codices aus dem 11. Jahrhundert, die Funk nicht verwendet hatte, herangezogen. Ich konnte allerdings nur
den Bruxellensis 1024 aus Gembloux, nicht den Atrebatensis 281 (51) als Micro-
film erhalten. Die Kollation des Bruxellensis ergab allerdings eine so gut wie
völlige Übereinstimmung mit f und o, daß man fast schließen könnte, diese
beiden Codices seien aus dem Brüsseler, jedenfalls aus einem damit nächst
verwandten geflossen.

Ein vernichtendes Urteil über diese alte lateinische Übersetzung hat F. X.
Funk gefällt: Der Übersetzer habe sich seiner Aufgabe so nachlässig entledigt,
daß er nur ein sehr unvollkommenes Bild des griechischen Textes vermittle.[32]
Ebenso beklagt J. A. Fischer die teilweise recht ungenaue lateinische Übersetzung.[33] Etwas anders und wohl richtiger sieht O. Bardenhewer die Textsitua-
tion: Nach ihm ist die lateinische Übersetzung „jedenfalls hohen Alters", beruht
aber „auf einem minderwertigen Original" und hat „sich manche Freiheiten
oder Nachlässigkeiten gestattet und in der Folge verschiedene Entstellungen
erfahren".[34] Immerhin gesteht auch F. X. Funk an anderer Stelle zu, daß auch
eine geringfügige Verbesserung, die die lateinische Übersetzung für den griechischen Text, der ja nur auf einem einzigen Zeugen beruht, erbrächte, von hohem
Wert sei.[35] Funks Meinung könnte von A. Harnack beeinflußt sein, der von der

---

[29] Vgl. Funk, Opera Patrum Apostolicorum II (1881) XVII–XXI = Funk – Diekamp, Patres
Apostolici Bd. 2, XLVI-LIV.

[30] Siehe A. Siegmund, Die Überlieferung der griechischen christlichen Literatur in der lateinischen Kirche bis zum zwölften Jahrhundert, ABBA 5, München 1949, 90.

[31] Vgl. Diekamp, Patres Apostolici Bd. 2, LI u. Praefatio.

[32] Funk, Patres Apostolici Bd. 1, XCVI. Dieses Urteil wörtlich auch bei J. Fessler – B. Jungmann,
Institutiones Patrologiae I, Innsbruck 1890, 162.

[33] Fischer, Die Apostolischen Väter, 244.

[34] O. Bardenhewer, Geschichte der altkirchlichen Literatur I, Freiburg i. Br. 1913[2], 167.

[35] Funk, Die Echtheit der Ignatianischen Briefe, 150.

lateinischen Übersetzung schreibt: „Sie ist aufgrund eines nicht sehr guten Originals angefertigt, ziemlich frei, und die uns erhaltenen Abschriften sind fehlerhaft."[36] A. Hilgenfeld[37] schätzt die lateinische Übersetzung jedoch höher ein und hält sie sogar gelegentlich zur Emendation des griechischen Textes für geeignet.

Über Alter und Herkunft der Übersetzung läßt sich schwer etwas Näheres ausmachen. H. J. Frede, sonst immer um Datierungen bemüht, gibt nur an „alte Übersetzung".[38] In den Bänden der Vetus Latina von Beuron werden jedenfalls gewissenhaft die Lesarten dieser lateinischen Polykarp-Übersetzung vermerkt, meist mit einem Fragezeichen versehen, weil ja nicht sicher ist, ob der Übersetzer neben dem griechischen Text, den er übersetzte, auch eine lateinische Bibelübersetzung vor sich oder wenigstens im Gedächtnis hatte. Vergleicht man die zwei kurzen Passagen, die Rufin aus Eusebius übersetzt hat,[39] ergibt sich, daß Rufin gewandter und freier übersetzt hat. Das kurze lateinische Stück im lateinischen Martyrium des Ignatius 14,2–3[40] hängt offenbar mit unserem alten lateinischen Text zusammen.

Das Vokabular weist in die patristische Zeit. „Decorosus" (2 Pol 1,1) kommt bei Caesarius, Bischof von Arles 502–542, vor.[41] „Detractio" (2,2 und 4,3) in der Bedeutung „Verleumdung" findet sich seit 1 Clem 30,1 und Cyprian häufig bei den Vätern.[42] „Inculpabilis" (2 Pol 14) ist seit Hilarius († 367) bis Cassiodor belegt.[43] „Vaniloquium" (2,1) ist ein Wort der altlateinischen Bibelübersetzung.[44]

Was den Bibeltext betrifft, kann man Spuren der Vetus Latina feststellen, soweit nicht ohnehin für die entsprechende Textform der griechische Wortlaut Polykarps ausschlaggebend war, wie etwa zu Spr 3,4 (2 Pol 6,1): „providentes bona coram deo et hominibus" entspricht der LXX und wird in altlateinischer Form von Ambrosius zitiert: „provide bona semper coram deo et coram hominibus."[45] „Deridetur" statt „irridetur" in dem Zitat von Gal 6,7 (2 Pol 5,1) ist wohl die altlateinische Lesung wie sie bei Tertullian, Cyprian, Ambrosius und Ambrosiaster erscheint.[46] „Concupiscentia" in 1 Petr 2,11 (2 Pol 5,3) ist wohl

---

[36] A. Harnack, Die Überlieferung und der Bestand der altchristlichen Literatur bis Eusebius I/1, Leipzig 1893, 70.

[37] Hilgenfeld, ZWTh 29, 1886, 184.

[38] Frede, Kirchenschriftsteller 1981³, 490.

[39] Euseb. h.e. III,36,13–15, GCS Euseb. 2/1, 281,3–16.

[40] Funk – Diekamp, Patres Apostolici Bd. 2, 381 f.

[41] Serm. 131 CChr.SL 103, 539 (517,8), im ThesLL 5, 213,46–50 als Ps.-Aug. serm. 51,1 verzeichnet. Weiters Nennius in der Historia Brittonum 39, nicht bei Ambros. Tob. 7, wie Blaise, 243 angibt (vgl. v. l. CSEL 32/2, 534,1).

[42] Zahlreiche Belege ThesLL 5/1, 821,8–53 und Rönsch, 312.

[43] Vgl. ThesLL 7/1, 1067,65–1068,3.

[44] S. Rönsch, 220.

[45] In Luc. I CChr.SL 14, 16,323.

[46] Belege bei Sabatier 3, 783.

auch altlateinisch und steht bei Pseudo-Augustin.[47] Ebenso dürfte „astare" in
Röm 14,10 (2 Pol 6,2) altlateinisch sein.[48]

§ 6 Der erste Polykarpbrief

Mindestens vier Herausgeber und Übersetzer haben sich der Hypothese
P. N. Harrisons angeschlossen und sehen in Kap. 13 des traditionellen Briefs
einen ersten Brief (Begleitschreiben, covering note) zu der Übersendung des von
den Philippern erbetenen Corpus Ignatianum. J. A. Kleist, J. A. Fischer, Th. Camelot und H. U. von Balthasar nehmen dieses 13. Kapitel vorweg als 1 Pol. Daß
man Kap. 14 nicht mit P. N. Harrison zum ersten Brief rechnet, sondern als
Schluß an Kap. 12 des längeren Briefes anfügt, „dafür spricht vielleicht, daß sich
Polykarp in diesem Kapitel auf eine frühere Empfehlung des Crescens an die
Philipper berufen kann; die covering note kann das Postskript überhaupt leich-
ter entbehren als das lange Schreiben".[49] Harrisons Vorschlag behebt allein die
sonst unüberwindliche Schwierigkeit, die darin besteht, daß nach Kap. 9 Ignatius den Märtyrertod schon erlitten haben muß, während in 13,2 die Philipper
noch um Auskunft über das Schicksal des Ignatius und seiner Gefährten ersucht
werden, deren Tod also Polykarp noch nicht bekannt ist. Dieses Begleitschreiben, 1 Polykarp, könnte noch zur Zeit der Romreise des Ignatius zum Martyrium verfaßt worden sein.
    Freilich darf nicht verschwiegen werden, daß P. N. Harrisons Vorschlag trotz
allem den einen oder anderen Forscher nicht überzeugt hat. H. Paulsen etwa
und vor allem ein kritischer Geist wie P. Nautin halten die Trennungshypothese
noch immer nicht für bewiesen oder sogar für „auf keinerlei genügendem Indiz
beruhend" (Nautin[50]). Es ließe sich zur Not eine andere Lösung als die Harrisons vorstellen. D. Völter[51] möchte in 2 Pol 9,1 nur Ἰγνατίῳ καὶ streichen:
„Ignatius wird hier mit Zosimus und Rufus in einer Gruppe zusammengefaßt.
Diese drei sollen offenbar die christlichen Gefangenen sein, die nach 1 Pol 1,1
mit Ketten beladen durch Philippi transportiert und von den Philippern gut
aufgenommen und weiter geleitet worden sein sollen. Sie werden nun in c. 9 als
bereits heimgegangene Märtyrer vorgestellt. Allein wie kommt doch Ignatius in
die Gesellschaft von Zosimus und Rufus oder wie kommen Zosimus und Rufus
in die Gesellschaft von Ignatius? In Smyrna und in Troas sind Zosimus und
Rufus noch nicht bei Ignatius. Denn in den in diesen Städten geschriebenen
Briefen des Ignatius wird ihrer noch mit keiner Silbe gedacht. Von Troas aus
aber ist Ignatius zu Schiff direkt nach Neapolis, der Hafenstadt von Philippi,
gefahren (Ign ad Pol 8,1) und nun soll doch auf einmal Ignatius mit Zosimus und

---

[47] Serm. 365,3 PL 39, 1645.
[48] Vgl. Sabatier 3, 646.
[49] Fischer, Die Apostolischen Väter, 234 f.
[50] P. Nautin, Policarpo, DPAC 2, 1983, 2867 f. = DECA 2, 1990, 2082 f.
[51] Völter, 22.

Rufus – denn nur an diese kann in Pol ad Phil 1,1 gedacht sein – durch Philippi
geführt worden sein. Woher sollen denn plötzlich diese beiden weiteren Gefangenen neben Ignatius herkommen? Nun ist es merkwürdig, daß in dem Martyrologium Romanum unter dem 18. Dezember zu lesen steht: ‚Philippis in
Macedonia natalis sanctorum martyrum Rufi et Zosimi, qui ex eo numero
discipulorum fuerunt, per quos primitiva ecclesia in Iudaeis et Graecis fundata
est; de quorum etiam felici agone scribit S. Polycarpus in epistola ad Philippenses'. Zosimus und Rufus sind also hiernach alte Philippensische Märtyrer gewesen." D. Völter meint nun weiter, diese Notiz könne zwar nicht unabhängig
vom Polykarpbrief sein, aber andererseits auch in keinem Fall auf diesem Brief
in seiner gegenwärtigen Gestalt beruhen, „sondern nur auf dem nichtinterpo-
lierten Brief". Denn nach dem gegenwärtigen Text Pol 1,1 und 9,1 können
Zosimus und Rufus nicht philippensische Märtyrer gewesen sein, sondern nur
jene christlichen Gefangenen, die zusammen mit Ignatius durch Philippi gereist
sind. Ohne den vermutlichen Zusatz Ἰγνατίῳ καὶ aber ergibt sich, daß Zosimus
und Rufus philippensische Märtyrer gewesen sind, sodaß durch das Martyrologium Romanum nur bestätigt würde, daß die genannte Ausscheidung zu Recht
besteht.[52] Wenn Ignatius hier tatsächlich später ergänzt worden sein sollte, dann
wäre diese Ergänzung aus einem ähnlichen Bestreben entsprungen wie die
Fassung des Eingangs des zweiten Polykarpbriefs, auf der die lateinische Übersetzung beruht. In beiden Fällen wird auf das Martyrium des Ignatius bereits
zurückgeblickt. Beide Änderungen wären also später gemacht worden. So
könnte der ganze Brief in der traditionellen Form ebenso früh zu datieren sein,
wie wir 1 Pol datiert haben, wenn man dagegen nicht kanongeschichtliche
Bedenken erheben will.

§ 7 Thema und Inhalt des zweiten Polykarpbriefes

Polykarp gibt 3,1 als Thema des Briefes ausdrücklich Gerechtigkeit an und
betont, daß er nicht aus eigenem Antrieb, sondern über die Aufforderung der
Philipper schreibt.[53] Des weiteren erwähnt Polykarp mehrmals die Gerechtig-

---

[52] Anderer Ansicht über die beiden Märtyrer ist J.-M. Sauget, Rufo e Zosimo, BSS 11, 1968,
489–491. Nach ihm wird der Polykarpbrief von Euseb. h.e. III,26,13 zitiert. Und über Eusebius/
Rufin kam der Text zu Florus, der die memoria der beiden Märtyrer in seinem Martyrologium
(zwischen 806 u. 838) zum 17. Dezember eingefügt hat. Das war das Datum der Translatio des
Ignatius von Antiochien. Ado hat dann (zwischen 850 u. 870) die memoria auf den 18. Dezember
verlegt und den Text des Florus durch eine eigene phantastische Notiz umschrieben: „Natalis
beatorum Rufi et Zosimi qui de illis primis discipulis fuerunt per quos primitiva Ecclesia in Iudaeis et
Graecis fundata est. Hi requiescunt apud civitatem Macedonum Philippis." Ado hat sie nur deshalb
mit Philippi verbunden, weil Polykarps Brief dorthin adressiert war. Über Usuard (877) kam die
Angabe dann ins Martyrologium Romanum. Dasselbe Urteil im Propylaeum ad Acta Sanctorum
Decembris: Martyrologium Romanum ad formam editionis typicae scholiis historicis instructum,
Brüssel 1940, 591.

[53] Zum folgenden vgl. vor allem P. Steinmetz, Polykarp von Smyrna über die Gerechtigkeit,
Hermes 100, 1972, 63–75.

keit (3,3; 4,1; 8,1; 9,1). Sieht man den Schlußteil des Briefes an, wo die Vor-
gangsweise im Fall des Presbyters Valens und seiner Frau erörtert wird, dann
scheint ja gerade dieser Fall der Anlaß gewesen zu sein, von Polykarp Rat
einzuholen. In welchem Konnex steht nun aber der zweite Teil des Briefs
(11–12), die Bemerkungen über Valens, mit dem ersten Teil (1–10), der doch
sehr allgemein gefaßt ist? Über die Verfehlungen des Valens und seiner Frau
erfahren wir nichts Näheres. Man denkt selbstverständlich an Apg 5,1–11 (Hananias und Saphira), vielleicht auch an die Ausnutzung der christlichen Liebe, so
wie Lukian den Peregrinus zeichnet.[54] Häretiker ist Valens nicht, vielmehr hat
er seine Amtspflichten ernstlich verletzt. Polykarp gibt nun am Ende seines
Briefs den Rat, der ja eigentlich vor allem erbeten worden war, indem er zur
Verzeihung und zur Milde aufruft. Valens und seine Frau sollen nicht als Feinde
angesehen werden, sondern als menschlicher Leidenschaft Erlegene und irrende
Glieder am Leib Christi (11,4). P. Steinmetz[55] meint nun mit Recht, daß der
erste Teil des Briefes auf das genannte Ziel hinführen sollte. Polykarp mußte
geradezu den Leser auf seinen, von ihnen nicht ganz leicht zu verstehenden Rat
vorbereiten. Schon die Einleitung mit dem Ausdruck der Mitfreude korrespon-
diert mit dem Beginn des zweiten Teils in negativer Form: nimis contristatus
sum (11,1). In mehrfacher Weise lobt Polykarp den Glauben der Philipper (vgl.
1 Petr 1,8): „mit dem Hinweis auf das Wesen des Glaubens als eines Gnadenge-
schenks weist er von vornherein die Möglichkeit zurück, aufgrund des Glaubens und des rechten Verhaltens sich ein strengeres Urteil über Andere anmaßen
zu dürfen".[56] Aus dem Gnadengeschenk des Glaubens folgert Polykarp, die
Philipper sollten Gott in Furcht und Aufrichtigkeit dienen (2,1). Dann fügt er
fast in der Art eines liturgischen Glaubensbekenntnisses eine Reihe von Prädi-
kationen Jesu Christi an. Er wird als Richter wiederkommen, wird auch uns von
den Toten auferwecken unter der Bedingung, daß wir seinen Willen getan
haben. Sein Gebot aber ist, daß man sich der Ungerechtigkeit enthalte, wie der
Habsucht, der Geldgier, der üblen Nachrede, des falschen Zeugnisses. Hier
wählt Polykarp offenbar – vergleicht man die bekannten Lasterkataloge – das
aus, was in einem gewissen Zusammenhang mit dem Skandal des Valens steht.
Im folgenden führt Polykarp eine Reihe Herrenworte an, die alle um das Gebot
kreisen, man dürfe nicht Gleiches mit Gleichem vergelten. Wenn Polykarp im
folgenden Satz das Thema dieser Ausführungen als „über die Gerechtigkeit"
(3,1) nennt, so versteht er also „die zitierten Herrenworte als Bestimmungen der
christlichen Gerechtigkeit. Ihre Aufgabe ist es demnach, nicht nach irgendeinem
Maßstab zu vergelten, sondern zu verzeihen. Dadurch gibt Polykarp aber auch

---

[54] Lukian, Der Tod des Peregrinus 13: „So kamen auch dem Peregrinos damals aus dem Grunde
seiner Haft viele Gelder von ihnen zu und er verschaffte sich daraus kein geringes Einkommen" …
„Falls nun ein geschickter Gauner, der die Verhältnisse auszunützen imstande ist, zu ihnen kommt,
wird er in kurzem sehr reich und lacht den naiven Leuten ins Gesicht" (Übersetzung K. Mras, Die
Hauptwerke des Lukian, München 1954, 479).
[55] Steinmetz, 67–75.
[56] Ebd. 68.

zu erkennen, daß er im allgemeinen Wesen und Aufgabe der Gerechtigkeit darin sieht, daß sie dem Mitmenschen nach Verdienst zuerteile. Insofern versteht er sie also ganz im Sinne der hellenistischen Philosophie, nur daß das, was der Christ gerechterweise zuerteilen kann, die verzeihende Liebe ist".[57] Da nun die Vergehen eines Einzelnen wie die des Valens nicht nur die Gemeinde als Ganzes gefährden, sondern auch die einzelnen Gruppen in der Gemeinde, deshalb empfindet Polykarp die Notwendigkeit, auch an die einzelnen Gruppen ein eigenes Wort über ihre spezifische Gefährdung und über ihren spezifischen Beitrag zur Gerechtigkeit zu sagen (4,1b-3; 5,1–6,1; 6,2).[58] Seine Auffassung von der Gerechtigkeit betrachtet Polykarp als mit der Tradition übereinstimmend. Wie der Herr, die Apostel, die Propheten geboten haben, so lehrt auch er. Und im Zusammenhang mit dieser Tradition erwähnt er auch die sich dagegen richtenden doketistischen Vorstellungen von Christus und damit auch der Gerechtigkeit. Davor warnt Polykarp eindringlich (6,3–7,2). Ob es in Philippi derartige Gefährdungen des rechten Glaubens gegeben hat und Polykarp davon gewußt hat, läßt sich nicht sagen. Vielleicht hat er in Smyrna einschlägige Erfahrungen gewonnen. Man braucht dazu ja nur an die Warnungen vor dem Doketismus zu denken, die Ignatius von Antiochien an die Gemeinde von Smyrna (1–8) geschrieben hat. Daß Polykarp zum Schluß noch auf die ὑπομονή zu sprechen kommt (9,1; 12,2: patientia), leitet zu den konkreten Vorschlägen über, denn so wie Christus geduldig war, sollen auch die Christen die Schwächen ihrer Mitmenschen ertragen. So hat Polykarp mit seinen allgemein gehaltenen Ausführungen die Leser darauf vorbereitet, seinem Rat im Fall des Valens zu folgen.

§ 8 Theologische Stellung

A. M. Ritter sieht in Polykarp einen in mehr als einer Hinsicht besonders typischen Vertreter des primitiven Katholizismus. Er kennt nicht nur 1 Clem, sondern zitiert auch ausgiebig das Corpus Paulinum, Mt, Lk, Apg, 1 Joh und 1 Petr. Er kennt also bereits schriftliche Evangelien, korrigiert die Zitationen der Herrenworte aus 1 Clem 13,2 nach dem Text von Markus und Lukas, der ihm vertraut ist (2 Pol 2,3 nach H. Köster). Bei der Vorliebe des Autors, Zitate anzubringen, wird besonders die Tatsache auffällig, daß man bei ihm keine Spur des Kanons der vier Evangelien, namentlich Johannes, findet. Das widerrät einer Spätdatierung des Schriftstücks. Für die Kirchenkonzeption des Polykarp ist am aufschlußreichsten die Briefadresse, verwandt mit der des 1. Clemensbriefs, aber nicht einfach ein Zitat davon: „Die Kirche Gottes, wie sie sich in Philippi in fremdem Land befindet". Kirche heißt da berufene Gemeinde der Auserwählten Gottes und unseres Herrn in der Wahrheit (1,2), als Volk der Heiligen, die die

---

[57] Ebd. 69.   [58] Ebd. 71.

Welt richten werden wie Paulus lehrt (11,2; vgl. 1 Kor 6,2). Einmal nimmt
Polykarp eine der ältesten Selbstbezeichnungen der Christen auf, die des Leibes
(des Leibes Christi: 11,4), interpretiert sie aber rein ethisch. Johanneische Bilder
wie die Herde Jesu, deren Hirt er ist, der Weinstock und seine Zweige u. ä. fehlen
gänzlich. Endlich bleibt das gesetzestreu gebliebene Judenchristentum wie jeder
Bezug zum zeitgenössischen Judentum außerhalb seines Gesichtsfeldes, während – ganz im Gegensatz zu 1 Clem – der alttestamentliche Schriftbeweis völlig
zu Gunsten desjenigen verschwindet, der aus dem Neuen Testament kommt.
Obwohl Polykarp Paulus öfter zitiert, zeigt sich ein formellerer Gebrauch
dieser Zitate als etwa in den Pastoralbriefen. Den Begriff δικαιοσύνη kann man
schwerlich auf der Linie des Paulus verstehen, vielmehr eher auf der des Matthäus. Er begegnet auch zuerst in einem Zitat Mt 5,10 (2 Pol 2,3). Es handelt sich
um den präzisen Ausdruck der Haltung des Gerechten, wie er sich unzweifel-
haft im gesamten Text Polykarps findet. Wie ein Echo der paulinischen Art, den
Imperativ auf den Heilsindikativ zu gründen, findet sich in der Paränese Polykarps (2,1) die Verbindung des Appells: „Durch Gnade seid ihr gerettet" mit der
Konsequenz: „Gürtet deshalb eure Lenden und dient Gott in Furcht und
Wahrheit!" In der Gemeinde Polykarps wie in Philippi kennt man die Ämter der
Presbyter (Anschrift; 5,3–6,1) und des Diakons (5,2f.) ebenso wie das Quasi-
ministerium der Witwen (4,3). Letztere werden bezeichnet, und das nicht ohne
Grund, als „Altar Gottes" (θυσιαστήριον θεοῦ), ohne Zweifel aufgrund ihrer
Pflicht ständiger Fürbitte (vgl. 4,3 mit 1 Tim 5,5; 1 Thess 5,17; IgnEph 10,1) und
nicht zuletzt wahrscheinlich, weil sie, insofern sie ein Amt in der Kirche haben,
von den Opfergaben der Gläubigen leben. Aus allem läßt sich schließen, daß,
wenn das auch nur nebenbei gesagt ist, die Christen zu dieser Zeit noch keinen
Altar für den göttlichen Dienst besaßen. Daß Polykarp in der Anschrift nicht
den Titel Bischof verwendet, beweist nichts. Aber im Gegensatz zu Ignatius
mag er es nicht als seine Aufgabe betrachtet haben, den monarchischen Episkopat herauszustellen (vgl. W. Bauer z. St.). An das Ministerium schließt sich eine
weitere kirchliche Norm, das Bekenntnis, an (regula fidei). So wird bei Polykarp
die Inkarnationslehre und die Lehre vom Tod Christi am Kreuz entsprechend
verteidigt (7,1). Man wird erinnert an den Typos christlichen Bekenntnisses, der
zum erstenmal in den Johannesbriefen erscheint. Das Bekenntnis besteht jetzt
vor allem in der Defensive.[59] Bei Polykarp sind vor allem die ethischen Aspekte
entwickelt. So bedeutet die Leugnung der Ankunft Christi im Fleisch die
Lähmung jeder Disposition dafür, Christus in seinem Leiden und seiner Geduld
zu folgen (8,2) und das Martyrium auf sich zu nehmen (ebd.; vgl. 1,1–3).
Entsprechend bedeutet das „Wort der Wahrheit" (3,2), „von Anfang an überliefert" (7,2) und gelehrt, z. B. durch den Apostel Paulus, „in genauer und sicherer
Form" (3,2) vor allem einen moralischen und paränetischen Inhalt.

---

[59] Vgl. dazu A. M. Ritter, Glaubensbekenntisse V. Alte Kirche, TRE 13, 1984, 399–412, bes.
402 f.

Was den Prozeß der Kanonbildung anbelangt, sieht man bei Polykarp ein fortgeschrittenes Stadium, aber noch klar vormarkionitisch und also jedenfalls auch vormontanistisch. Die Frage der Kanongrenzen stellt sich in keiner Weise, jedenfalls nicht anders als in der Art, daß die Worte des Herrn Gefahr laufen, durch Irrlehrer entstellt zu werden nach deren eigenen Vorstellungen (7,1). Dagegen wird noch nicht versucht, mit der Aufstellung eines eigenen klar umrissenen Kanons der apostolischen Schriften zu reagieren. Der Autor appelliert lediglich an die regula fidei, d.h. an das Wort, das von Anfang an überliefert ist (7,1.2).

Allen voran sind bei Polykarp die Schlüsselworte ἀπέχεσθαι, lat. abstinere (2,2; 5,3; 6,1.3; 11,1f.), ἀπολείπειν (2,1; 7,2), ἀνακόπτεσθαι (5,3), χαλιναγω-γεῖν (ebd.), σωφρονεῖν (4,3). Diese Worte ziehen sich durch die Mahnungen Polykarps wie ein roter Faden. Es handelt sich also um die Enthaltsamkeit von allen „Begierden der Welt" (5,3; vgl. 7,1 und 4,2: ἐγκράτεια). Man muß sich von den Häretikern fernhalten (6,3). Diese werden in der Folge mit ausdrücklichem Hinweis auf 1 Joh 4,2f. als die bezeichnet, die die Ankunft Christi im Fleisch leugnen (7,1), also dem Doketismus zugetan sind. Mit Markion hat das nichts zu tun. Dessen Gegner haben ihm nie vorgeworfen, Auferstehung und Gericht zu leugnen. Was Polykarp in der Irrlehre, die er bekämpft, vor allem findet, sind die schädlichen Konsequenzen für die Moral. Damit beschäftigt er sich also allein. Polykarp bezeugt uns in erster Linie das Christentum als Gemeinschaft „zu einem heiligen Leben auf Grund einer gemeinsamen Hoffnung".[60] Das ist ein Christentum, das sich durch eine klare Diasporamentalität charakterisieren läßt und durch eine Frömmigkeit des Bewahrens. Man darf dabei nicht von Dekadenz sprechen, so wenig man die Augen davor verschließen kann, daß es sich dabei um einen gewissen Rückschritt im Vergleich zur Überlieferung des primitiven christlichen Glaubens handelt, nicht nur in bezug auf Paulus. Das widerspricht nicht einem tiefen Respekt für Polykarp, auch nicht für die historische Leistung dieses Christentums, das sich in seinem Brief darstellt. Aber man kann sich fragen, ob dieses Christentum unter allen Aspekten den Vorzug verdient im Vergleich zu dem Christentum, das uns mehr oder weniger die Anfänge der Geschichte der Kirche von Alexandrien bezeugt. A.M. Ritter schließt seinen Artikel, indem er seiner Meinung Ausdruck gibt, daß das Werk Clemens' von Alexandrien und das des Origenes eine überzeugendere Antwort auf die Provokation der gnostischen Krise gibt als das des Polykarp. Auf der anderen Seite ist es der Ruhm des ursprünglichen Katholizismus, dessen Zeuge Polykarp ist, der Kirche ihre Identität in einer Zeit voll Gefahren bewahrt zu haben und ihr geholfen zu haben, sich gegen die synkretistische Auflösung zu immunisieren.

---

[60] A. v. Harnack, Lehrbuch der Dogmengeschichte, Bd. 1, Tübingen 1909⁴ (Nachdr. Darmstadt 1964), 243.

§ 9 Die Eschatologie bei Polykarp

Innerhalb der eschatologischen Aussagen Polykarps herrschen die zukünftigen
Vorstellungen bei weitem vor.[61] Es geht vor allem um Gericht und Auferstehung, also Ereignisse, die mit der Parusie des Herrn am Ende der Zeiten
zusammenhängen. Die Tatsache, daß Christus zum Gericht kommen wird,
dient Polykarp zur Untermauerung seiner ethischen Ermahnung (2,1). Wenn
Polykarp 6,2 zum Verzeihen auffordert, so ist seine Begründung auch eschato-
logischer Art: „Wir alle müssen ja vor dem Richterstuhl Christi erscheinen".
Aus der Ankündigung des Gerichts erfolgen die Ermahnungen. Man stellt eine
umgekehrte Entwicklung fest: „Während bei der Verkündigung Jesu Bußruf
und Verkündigung des Kommens des Reiches beides eines ist, wird hier deutlich
die eschatologische Verkündigung Mittel und ist dem Ruf zum richtigen Wandel untergeordnet".[62] Es fällt auf, daß Polykarp vom Endgericht sehr zurückhaltend spricht. Es fehlt jede apokalyptische Ausmalung, jeder Hinweis auf die
Chronologie der Ereignisse und immer redet Polykarp von Christus als Richter,
aber immer steht das zukünftige Richten Christi mit seiner gegenwärtigen
Herrschaft in Zusammenhang. Dahinter steht „nicht das Wissen, daß mit dem
Kommen und mit der Erhöhung Christi das Ende angebrochen sei. Er (Polykarp) redet davon eher in dem Sinn, wie im Alten Testament von der Allgegen-
wart Gottes die Rede ist. Polykarp betont das gegenwärtige Herrschen Christi
nicht um seiner eschatologischen Bedeutung willen, sondern er tut es, weil er
damit seinen Aufruf zu ständigem tadelfreien Wandel dringlich machen kann.
Die Aussagen, sowohl über das gegenwärtige wie auch über das zukünftige
Richteramt Christi, sind dem eschatologischen Anliegen untergeordnet".[63]
   Auch die Auferstehungshoffnung wird als für die Gläubigen nur bedingt
gültig erklärt: „Der ihn von den Toten auferweckte, wird auch uns auferwecken,
wenn wir seinen Willen tun und in seinen Geboten wandeln" (2,2). Auch in dem
schwerfälligen Satz 5,2 wird die Auferstehungshoffnung an Bedingungen geknüpft, während im Neuen Testament der Verheißung der Auferstehung nie ein
Bedingungssatz moralischer Art angehängt wird. Polykarp durchbricht damit
eine Tradition und macht damit klar, wie sehr sein eigenes Denken dem ethischen Ziel untergeordnet wird. „Die Auferstehungshoffnung ist in der Gefahr,
ein Objekt zu werden, das vom ethischen Verhalten des Gläubigen abhängig
ist".[64] So wird das Verhältnis von Hoffnung und Gehorsam zur Grundfrage der
Eschatologie Polykarps. Die Warnungen und Mahnungen in seinem Brief zielen
allesamt darauf, den Gehorsam der Lehre des Herrn gegenüber zu predigen.
Unter den Motiven findet sich nie der Hinweis auf das Heilswerk Christi als
Motiv des Gehorsams. „Wenn das Heil an menschliche Bedingungen geknüpft
ist, liegt die Entwicklung nahe, daß das Heilsgut als Lohn betrachtet wird, auf
den der Gläubige aufgrund seiner Gehorsamsleistungen Anspruch erheben

---

[61] Vgl. zum folgenden den Artikel von Bovon-Thurneysen.
[62] Ebd. 244.   [63] Ebd. 246.   [64] Ebd. 248.

kann".[65] Für das Verhältnis von Gehorsam und Hoffnung bedeutet das, daß nicht der Gehorsam die Frucht der Hoffnung ist, sondern umgekehrt der Gehorsam erst dem Gläubigen das Recht auf Hoffnung einräumt. A. Bovon-Thurneysen spricht deshalb mit Recht von einer „Verethisierung" der eschatologischen Vorstellungen bei Polykarp.[66]

Nur indirekt kommt im Philipperbrief zur Sprache, daß mit dem Heilsgeschehen in Christus das Ende bereits angebrochen ist, denn fast alle eschatologischen Aussagen im Brief beziehen sich auf die Zukunft. Aber wenn Polykarp im Präskript von der Kirche sagt, daß sie in der Fremde wohnt, dann verweist das auf ihre wahre Heimat im Himmel, auf die hin die Christen hier pilgern. In der darauffolgenden Danksagung aber wird erkennbar, daß die Kirche jetzt schon von der Freude durchwaltet wird, die aus der Gnade kommt. Diese Freude ist unaussprechlich und sie ist verklärt. Durch diese Freude hat die Kirche jetzt schon Anteil an der zukünftigen Herrlichkeit. In dem Wort von dieser Freude begegnen sich Gegenwart und Zukunft.

Was die Naherwartung angeht, so zeigt sich, daß diese Thematik nicht mehr aktuell ist. Nirgendwo wird von der Gewißheit der Nähe des Endes gesprochen noch werden die ethischen Mahnungen etwa durch das baldige Kommen Christi motiviert. Selbst die Aufrufe zur Bereitschaft (2,1; 4,1; 7,2; siehe den Kommentar) in ihren bildhaften Umschreibungen erscheinen ohne den aus dem Neuen Testament gewohnten eschatologischen Zusammenhang. Die ursprünglich eschatologischen Bilder werden einer rein ethischen Ermahnung dienstbar gemacht.[67] Mit Recht erkennt A. Bovon-Thurneysen[68] hier eine Entwicklung, die schließlich im 2. Clemensbrief (2,6) dazu führt, daß das Kommen des Reiches abhängig gemacht wird von der Erfüllung der geschlechtlichen Enthaltsamkeit. Im Neuen Testament ist ursprünglich die eschatologische Aussage das erste und die ethische Ermahnung folgt daraus. In dieser Entwicklung bildet Polykarp ein Zwischenglied. Die eschatologischen Verheißungen sind bei ihm nur bedingt gültig, weil sie vom Tun des Menschen abhängig gemacht werden. Was bei Polykarp aber erst auf individueller Ebene gilt, gilt im 2. Clemensbrief ganz allgemein für das Ob und das Wann des Kommens des Reiches.

§ 10 Polykarp und die Pastoralbriefe

H. von Campenhausen stellte mit Recht fest, daß Polykarp den Pastoralbriefen in jeder Hinsicht näher steht, als den Pastoralbriefen die johanneischen Briefe oder die Ignatianen stehen. Für H. von Campenhausen ergab sich die Frage, ob nicht Polykarp selbst der Mann gewesen sein könnte, der die Pastoralbriefe geschrieben oder ihre Niederschrift veranlaßt und sie in den kirchlichen Gebrauch eingeführt hat. Als Ort ihres Entstehens kommt Kleinasien, im 2. Jahr-

---

[65] Ebd. 250. [66] Ebd. 251. [67] Ebd. 254f. [68] Ebd. 256.

hundert die blühendste und geistig regste Landschaft der ganzen Kirche, am ehesten in Frage. Zur Zeit Markions mögen sie noch nicht vorhanden oder eben erst entstanden gewesen sein, sodaß Markion sie bei der Zusammenstellung seines neutestamentlichen Kanons gar nicht berücksichtigen konnte oder jedenfalls noch nicht berücksichtigen wollte, weil sie zu neu waren. Es könnte sogar so sein, daß die Pastoralbriefe als eine Art Antwort der Großkirche gegen Markion zu verstehen sind. 1 Tim 6,20f. mit der Mahnung an Timotheus, das anvertraute Gut zu bewahren, die gottlosen Redensarten und Widersprüche (Antitheseis) zu meiden, würde sich dann nicht zufällig mit dem Titel des Hauptwerks Markions, den Antitheseis, berühren. Die kirchlichen Zustände, die die Pastoralbriefe voraussetzen, weisen auf eine spätere Periode, in der Polykarp, der erbitterte Bekämpfer Markions, schon in hohem Ansehen stand und weit über seine Gemeinde hinaus Autorität genoß. Im Vergleich mit den Ignatianen oder den Sendschreiben der Johannesapokalypse bewegt sich der Verfasser der Pastoralbriefe immerhin in blasseren, konventionelleren Formen. Er vertritt in der Betonung des Moralischen, Naturgemäßen und Anständigen geradezu die Anfänge einer gewissen christlichen Bürgerlichkeit. Der Verfasser könnte am ehesten als Vertreter einer älteren Zeit und Generation vorgestellt werden, der sich aber den Fragen und Forderungen seiner Zeit mit Entschiedenheit stellt. Judenchrist war er nicht (Tit 1,10), er ist wahrscheinlich schon von christlichen Eltern geboren, da er Wert legt auf fromme Abstammung und Erziehung (2 Tim 1,3; 3,15). Die Pastoralbriefe sind seelsorgliche Schreiben, „Hirtenbriefe" für die geistlichen Hirten der Gemeinde selbst. Sie müssen von jemand geschrieben sein, der die Fragen des Amts auch von innen her gesehen und dessen Schwierigkeiten selber erfahren hat, also von einem Kleriker, einem Amtsträger, vielleicht sogar schon von einem monarchischen Bischof. Der Paulinismus der Pastoralbriefe erinnert an das Paulusbild der Apostelgeschichte und trifft sich mit dem gleichfalls paulinisch geprägten und in Kleinasien entstandenen ersten Petrusbrief. Überall ist da die Rücksichtnahme charakteristisch auf das Urteil der Heidenwelt und die Bemühung um eine gebildete, ja gelegentlich philosophisch getönte Sprache. Das ist der eine wichtige Zug der theologischen Gesamtanschauung der Pastoralbriefe; der zweite liegt in der Front, die der Verfasser gegen die Ketzer aufmacht, wobei ihm die Berufung auf die Lehre als feste apostolische Überlieferung wichtig ist. Der Amtsträger ist vor allem zur Verkündigung des „anvertrauten Guts" berufen, sein Amt ist vorab Predigtamt. „Die Pastoralbriefe stehen damit in der gleichen Linie einer rechtgläubigen, ‚katholischen' Entwicklung, wie sie bei Ignatius und Johannes in dieser Form noch fehlt, aber schon bei Lukas sich anbahnt und im Laufe des 2. Jahrhunderts zum Sieg gelangt. Sie erheben damit die gleichen kirchlichen und theologischen Forderungen, für die sich auch Polykarp erfolgreich eingesetzt hat."[69] Zum Philipperbrief bringt H. von Campenhausen folgendes vor: Von den älteren christlichen Vorbildern hat Polykarp vor allem den ersten Petrus-

---

[69] Von Campenhausen, Polykarp von Smyrna und die Pastoralbriefe, 212.

und den ersten Clemensbrief benutzt, dieselben Texte, mit denen auch die Pastoralbriefe eine gewisse Verwandtschaft zeigen, ohne daß eine literarische Abhängigkeit nachweisbar wäre. Auf beiden Seiten finden sich christliche Neologismen. Ja es finden sich Wortschatzübereinstimmungen, die die Pastoralbriefe und Polykarp ausschließlich verbinden.[70] So gibt es zum Beispiel vier Hapaxlegomena, die die Pastoralbriefe gegenüber dem Neuen Testament haben, und genau dieselben finden sich auch im Philipperbrief Polykarps (ματαιολογία 2,2, διάβολος adj., δίλογος, ἐγκρατής 5,2). Es gibt auch sachlich bestimmte sprachliche Übereinstimmungen, die auffallend sind. So findet sich bei Polykarp zweimal der Ausdruck ὁ νῦν αἰών (5,2; 9,2), in den Pastoralbriefen findet sich der Ausdruck dreimal (1 Tim 6,17; 2 Tim 4,10; Tit 2,13), während er im übrigen urchristlichen apostolischen und nachapostolischen Schrifttum fehlt und es sonst ὁ αἰὼν οὗτος oder ἐνεστώς heißt (Mt 12,32; Lk 20,34; Röm 12,2; Gal 1,4). H. von Campenhausen faßt zusammen: „Wir finden neben verschiedenen Einzelberührungen sprachlicher und sachlicher Natur hier und dort die gleiche Anlage des Briefes im großen, die gleiche kirchliche und theologische Gedankenwelt und Tendenz, die gleiche Gestalt und die gleiche Auffassung des Amtes und den gleichen antignostisch umgeformten und mit Betonung festgehaltenen Paulinismus. Polykarp ist, soweit wir urteilen können, die einzige Persönlichkeit, bei der all diese Züge, die für den Verfasser der Pastoralbriefe zu erschließen waren, zugleich mit allen äußeren Umständen wirklich zusammenstimmen. Er ist außerdem die überragende kirchliche Führergestalt der ganzen Epoche, auf die man, von verschiedenen Seiten kommend, immer wieder stößt. Wir kennen niemand, der hier als Konkurrent in Betracht käme, und danach erschiene es somit als das Gewiesene, ihn und ihn allein als den Verfasser der Pastoralbriefe zu bezeichnen."[71] Wären die Pastoralbriefe nicht von Polykarp verfaßt, so müßte sie jemand verfaßt haben, der in seiner geistigen Nähe sozusagen unter seinen Augen, vielleicht in seinem Auftrag gearbeitet hat, der sich derselben kirchlichen Vorstellungen und Ausdrücke bediente, in der gleichen Front stand, ja möglicherweise die polykarpischen Briefe, von denen uns ja nur einer erhalten ist, sich zum Muster gewählt hat und in Polykarp geradezu das Vorbild für Stellung und Wirkung eines Timotheus und Titus genommen hat. Das könnte ein Mann aus dem Klerus von Smyrna gewesen sein, der etwa im Auftrag Polykarps diese merkwürdigen Paulusbriefe zur Rettung des Apostels gegen dessen häretische Verfälschung und zum Schutz der Gemeinde vor neuen Verführern verfaßt hätte. Gegenüber dieser Hypothese spricht nach H. von Campenhausen allerdings dann doch die Tatsache, „daß der Polykarpbrief für sich allein genommen niemals ausgereicht hätte, um den Ruhm zu rechtfertigen, den sein Verfasser als theologischer Lehrer allgemein besessen und gewiß mit Recht besessen hat".[72]

Die Hypothese H. von Campenhausens besagt also, wenn schon nicht Polykarp die Pastoralbriefe geschrieben hat, daß deren Verfasser zumindest

---

[70] Ebd. 222.   [71] Ebd. 250.   [72] Ebd. 251.

Polykarps Brief, ja vielleicht auch dessen verlorene Briefe sich zum Muster genommen habe und jedenfalls davon abhängig sei.

§ 11 Polykarp und Clemens

Daß Polykarp den 1. Clemensbrief an zahlreichen Stellen benutzt hat, haben C. J. Hefele, Th. Zahn, F. X. Funk und A. Harnack in ihren Ausgaben belegt. J. B. Lightfoot[73] hat die Angaben dieser Autoren gesammelt, ergänzt und eine Liste davon vorgelegt, die wieder D. Völter[74] „um nicht wenige unzutreffende gekürzt" und noch vervollständigt hat. Völters Liste ist im folgenden wiedergegeben:

Polykarp	*Clemens*
Inscr. τῇ ἐκκλησίᾳ τοῦ θεοῦ τῇ παροικούσῃ Φιλίππους.	Inscr. τῇ ἐκκλησίᾳ τοῦ θεοῦ τῇ παροικούσῃ Κόρινθον.
ἔλεος ὑμῖν καὶ εἰρήνη παρὰ θεοῦ παντοκράτορος καὶ Ἰησοῦ Χριστοῦ τοῦ σωτῆρος ἡμῶν πληθυνθείη.	χάρις ὑμῖν καὶ εἰρήνη ἀπὸ παντοκράτορος θεοῦ διὰ Ἰησοῦ Χριστοῦ πληθυνθείη.
1,2: ἡ βεβαία τῆς πίστεως ὑμῶν ῥίζα.	1,2: τὴν .. βεβαίαν ὑμῶν πίστιν.
1,2: ἕως θανάτου καταντῆσαι.	5,2: ἕως θανάτου ἤθλησαν.
1,3: οὐκ ἐξ ἔργων, ἀλλὰ θελήματι θεοῦ διὰ Ἰησοῦ Χριστοῦ.	32,3: οὐ δι᾽ αὐτῶν ἢ τῶν ἔργων αὐτῶν ... ἀλλὰ διὰ τοῦ θελήματος αὐτοῦ, vgl. 32,4: διὰ θελήματος αὐτοῦ ἐν Χριστῷ Ἰησοῦ.
2,1: ἐν φόβῳ καὶ ἀληθείᾳ.	19,1: ἐν φόβῳ καὶ ἀληθείᾳ.
2,3: μνημονεύοντες δὲ ὧν εἶπεν ὁ κύριος διδάσκων· μὴ κρίνετε, ἵνα μὴ κριθῆτε· ἀφίετε καὶ ἀφεθήσεται ὑμῖν· ἐλεᾶτε, ἵνα ἐλεηθῆτε· ᾧ μέτρῳ μετρεῖτε ἀντιμετρηθήσεται ὑμῖν.	13,1.2: μεμνημένοι τῶν λόγων τοῦ κυρίου Ἰησοῦ, οὓς ἐλάλησεν διδάσκων ἐπιείκειαν καὶ μακροθυμίαν. οὕτως γὰρ εἶπεν· ἐλεᾶτε, ἵνα ἐλεηθῆτε· ἀφίετε ἵνα ἀφεθῇ ὑμῖν· ... ὡς κρίνετε, οὕτως κριθήσεσθε ... ᾧ μέτρῳ μετρεῖτε, ἐν αὐτῷ μετρηθήσεται ὑμῖν.
3,2: τοῦ μακαρίου καὶ ἐνδόξου Παύλου ... ὃς καὶ ἀπὼν ὑμῖν ἔγραψεν ἐπιστολάς.	47,1.2: ἀναλάβετε τὴν ἐπιστολὴν τοῦ μακαρίου Παύλου ... τί πρῶτον ... ἔγραψεν;
3,2: εἰς ἃς ἐὰν ἐγκύπτητε ...	45,2: ἐγκεκύφατε εἰς τὰς γραφάς.
	53,1: ἐγκεκύφατε εἰς τὰ λόγια τοῦ θεοῦ (vgl. 40,1; 62,3).

---

[73] Lightfoot, The Apostolic Fathers Bd. 1, 149–152.
[74] Völter, 40–43.

Polykarp

Clemens

4,2: ἔπειτα καὶ τὰς γυναῖκας ὑμῶν ἐν τῇ δοθείσῃ αὐταῖς πίστει καὶ ἀγάπῃ καὶ ἁγνείᾳ, στεργούσας τοὺς ἑαυτῶν ἄνδρας ἐν πάσῃ ἀληθείᾳ καὶ ἀγαπώσας πάντας ἐξ ἴσου ἐν πάσῃ ἐγκρατείᾳ.

1,3: γυναιξίν τε ἐν ἀμώμῳ καὶ σεμνῇ καὶ ἁγνῇ συνειδήσει πάντα ἐπιτελεῖν παρηγγέλλετε, στεργούσας καθηκόντως τοὺς ἄνδρας ἑαυτῶν.
21,6.7: τὰς γυναῖκας ἡμῶν ... διορθωσώμεθα ... τὴν ἀγάπην αὐτῶν ... πᾶσιν τοῖς φοβουμένοις τὸν θεὸν ὁσίως ἴσην παρεχέτωσαν.

καὶ τὰ τέκνα παιδεύειν τὴν παιδείαν τοῦ φόβου τοῦ θεοῦ.
4,3: μακρὰν οὔσας πάσης διαβολῆς, καταλαλιᾶς.

21,6: τοὺς νέους παιδεύσωμεν τὴν παιδείαν τοῦ φόβου τοῦ θεοῦ.
30,3: ἀπὸ παντὸς ψιθυρισμοῦ καὶ καταλαλιᾶς πόρρω ἑαυτοὺς ποιοῦντες (vgl. 35,5).

4,3: ὅτι εἰσὶ θυσιαστήριον θεοῦ καὶ ὅτι πάντα μωμοσκοπεῖται.
καὶ λέληθεν αὐτὸν οὐδὲν οὔτε λογισμῶν οὔτε ἐννοιῶν.

41,2: πρὸς τὸ θυσιαστήριον μωμοσκοπηθὲν τὸ προσφερόμενον.
21,3: καὶ ὅτι οὐδὲν λέληθεν αὐτὸν τῶν ἐννοιῶν ἡμῶν οὐδὲ τῶν διαλογισμῶν.

5,2: ᾧ ἐὰν εὐαρεστήσωμεν ... ἐὰν πολιτευσώμεθα ἀξίως αὐτοῦ.

21,1: ἐὰν μὴ ἀξίως αὐτοῦ πολιτευόμενοι τὰ καλὰ καὶ εὐάρεστα ἐνώπιον αὐτοῦ ποιῶμεν.

5,3: ὑποτασσομένους τοῖς πρεσβυτέροις.
5,3: τὰς παρθένους ἐν ἀμώμῳ καὶ ἁγνῇ συνειδήσει περιπατεῖν.

57,1: ὑποτάγητε τοῖς πρεσβυτέροις (vgl. 1 Petr 5,5)
1,3: γυναιξίν τε ἐν ἀμώμῳ καὶ σεμνῇ καὶ ἁγνῇ συνειδήσει πάντα ἐπιτελεῖν.

5,2 u. 6,1: εὔσπλαγχνοι.

54,1; 29,1; 14,3: εὔσπλαγχνος, εὐσπλαγχνία.

6,1: ἀπεχόμενοι πάσης ὀργῆς.

13,1: ἀποθέμενοι πᾶσαν ἀλαζονείαν ... καὶ ὀργάς.

6,3: οἱ εὐαγγελισάμενοι ἡμᾶς ἀπόστολοι.
6,3: καὶ οἱ προφῆται, οἱ προκηρύξαντες τὴν ἔλευσιν τοῦ κυρίου ἡμῶν.

42,1: οἱ ἀπόστολοι ἡμῖν εὐηγγελίσθησαν.
17,1: κηρύσσοντες τὴν ἔλευσιν τοῦ Χριστοῦ· λέγομεν δὲ ... τοὺς προφήτας.

6,3: ζηλωταὶ περὶ τὸ καλόν.

45,1: ζηλωταὶ περὶ τῶν ἀνηκόντων εἰς σωτηρίαν.

7,2: διὸ ἀπολιπόντες τὴν ματαιότητα τῶν πολλῶν καὶ τὰς ψευδοδιδασκαλίας ἐπὶ τὸν ἐξ ἀρχῆς ἡμῖν παραδοθέντα λόγον ἐπιστρέψωμεν, vgl. 2,1: διὸ ... δουλεύσατε τῷ θεῷ ... ἀπολι-

7,2: διὸ ἀπολίπωμεν τὰς κενὰς καὶ ματαίας φροντίδας καὶ ἔλθωμεν ἐπὶ τὸν εὐκλεῆ καὶ σεμνὸν τῆς παραδόσεως ἡμῶν κανόνα, 9,1: διὸ ὑπακούσωμεν ... καὶ ἐπιστρέψωμεν ἐπὶ

Polykarp

πόντες τὴν κενὴν ματαιολογίαν καὶ τὴν τῶν πολλῶν πλάνην.

7,2: προσκαρτεροῦντες νηστείαις, δεήσεσιν αἰτούμενοι τὸν παντεπόπτην θεόν.
8,2: μιμηταὶ οὖν γενώμεθα τῆς ὑπομονῆς αὐτοῦ ... τοῦτον γὰρ ἡμῖν τὸν ὑπογραμμὸν ἔθηκεν δι᾿ ἑαυτοῦ.
9,1: ὑπομονήν, ἣν καὶ εἴδατε κατ᾿ ὀφθαλμοὺς ... καὶ ἐν αὐτῷ Παύλῳ καὶ τοῖς λοιποῖς ἀποστόλοις.

9,2: εἰς τὸν ὀφειλόμενον αὐτοῖς τόπον εἰσὶ παρὰ τῷ κυρίῳ.
10,1: fraternitatis amatores.
10,2: omnes vobis invicem subiecti estote.
11,4: ut omnium vestrum corpus salvetis.

12,1: confido enim vos bene exercitatos esse in sacris literis,

12,2: qui credituri sunt
14: Haec vobis scripsi per Crescentem ... conversatus est enim nobiscum inculpabiliter.

Clemens

τοὺς οἰκτιρμοὺς αὐτοῦ, ἀπολιπόντες τὴν ματαιοπονίαν, 19,2: ἐπαναδράμωμεν ἐπὶ τὸν ἐξ ἀρχῆς παραδεδομένον ἡμῖν τῆς εἰρήνης σκοπόν.
55,6: διὰ γὰρ τῆς νηστείας καὶ τῆς ταπεινώσεως αὐτῆς ἠξίωσεν τὸν παντεπόπτην δεσπότην (vgl. 64,1).
16,17 u. 17,1: ὁρᾶτε, ... τίς ὁ ὑπογραμμὸς ὁ δεδομένος ἡμῖν ... μιμηταὶ γενώμεθα κἀκείνων κ. τ. λ.
5,7: ὑπομονῆς γενόμενος (sc. Παῦλος) μέγιστος ὑπογραμμός, 5,3: λάβωμεν πρὸ ὀφθαλμῶν ἡμῶν τοὺς ἀγαθοὺς ἀποστόλους.
5,4: ἐπορεύθη εἰς τὸν ὀφειλόμενον τόπον τῆς δόξης.
47,5 u. 48,1: φιλαδελφίας.
38,1: ὑποτασσέσθω ἕκαστος τῷ πλησίον αὐτοῦ.
37,5: εἰς τὸ σώζεσθαι ὅλον τὸ σῶμα, 38,1: σωζέσθω οὖν ἡμῶν ὅλον τὸ σῶμα.
62,3: σαφῶς ᾔδειμεν γράφειν ἡμᾶς ἀνδράσιν ... ἐγκεκυφόσιν εἰς τὰ λόγια ... τοῦ θεοῦ, 53,1: καλῶς ἐπίστασθε τὰς ἱερὰς γραφάς.
42,4: τῶν μελλόντων πιστεύειν.
63,3: ἐπέμψαμεν δὲ καὶ ἄνδρας πιστοὺς καὶ σώφρονας ... ἀναστραφέντας ἀμέμπτως ἐν ἡμῖν.

B. Übersetzung und Kommentar

1. Der erste Polykarpbrief

(XIII) 1 „**Ihr habt mir geschrieben, sowohl ihr wie Ignatius, daß, sollte jemand nach Syrien reisen, dieser auch euren Brief mitnehme. Das werde ich tun, sobald ich eine günstige Gelegenheit finde, entweder ich selbst oder jemand, den ich als Boten auch in eurer Sache sende. 2 Die Briefe des Ignatius, die uns von ihm geschickt worden sind, und auch andere, soweit wir welche besitzen, senden wir euch eurem Auftrag gemäß. Sie sind diesem Brief angeschlossen; ihr werdet aus ihnen reichen Gewinn ziehen können, denn sie sind voll Glauben, Geduld und jeglicher Erbauung im Zusammenhang mit unserem Herrn. Laßt uns auch sichere Nachrichten über Ignatius und seine Gefährten zukommen!**"

1 Dieser erste Polykarpbrief, dem Anschrift und Schluß fehlen, seit er mit dem zweiten Polykarpbrief vereinigt worden ist, stellt nach P. N. Harrison die covering note zu den von den Philippern aus Smyrna erbetenen Ignatiusbriefen dar. Das 14. Kapitel muß nicht mit P. N. Harrison den Schluß des ersten, sondern kann auch den Schluß des zweiten Polykarpbriefs gebildet haben, wie J. A. Fischer wohl mit Recht annimmt. Aus dem zweiten Polykarpbrief 1,1 wissen wir, daß Polykarp von den Philippern brieflich davon unterrichtet worden ist, daß ihre Gemeinde von einigen Christen in Ketten besucht worden ist. Mit diesem Brief dürfte gleichzeitig einer des Ignatius mitgeschickt worden sein, bei welcher Gelegenheit auch die Bitte, einen Brief der Philipper nach Syrien (Antiochien) zu befördern, ausgesprochen wurde. Offenbar war es die Hochschätzung Polykarps für Ignatius, daß er sich sogar selbst anbot, bei günstiger Gelegenheit dies zu erledigen. Da sich die Aufforderung, einen Brief weiterzubefördern, in den Briefen des Ignatius, soweit sie uns erhalten sind, nicht findet, ist es sehr unsicher, ob der hier erwähnte Brief des Ignatius sich mit dem im Corpus der Ignatiusbriefe befindlichen Brief des Ignatius an Polykarp deckt. Daß Ignatius vielleicht von Philippi aus einen zweiten Brief an Polykarp gesandt hätte, worin er den Brief der Philipper, der nach Antiochien gebracht werden sollte, zur Weiterleitung empfohlen hätte, bleibt reine Vermutung (Th. Zahns). Zu dem, der als „Bote" fungieren könnte, ist zu vergleichen Ignatius an Polykarp 7,2 und 8,1 und an die Smyrnäer 11,2.

2 Die Philipper hatten zuerst an Polykarp geschrieben, die von Ignatius nach Smyrna gesandten Briefe und andere Briefe des Ignatius ihnen zu schicken. Polykarp legt diese Briefe offenbar in einer Sammlung, die er schon veranstaltet hat[1], seinem ersten Schreiben bei. Wie kam Polykarp zu seiner Sammlung?

---

[1] Vgl. von Harnack, Die Briefsammlung des Apostels Paulus, 28–35, bes. 31.

Selbstverständlich besitzt er die beiden Briefe, die Ignatius einmal an die Gemeinde von Smyrna und zum anderen an Polykarp selbst gerichtet hatte. Die Briefe an die Epheser, Magnesier und Trallianer hat Ignatius in Smyrna selbst noch geschrieben, wahrscheinlicher diktiert und den Abordnungen dieser Städte, die mit ihrem jeweiligen Ortsbischof an der Spitze gekommen waren, mitgegeben. Ebenfalls von Smyrna aus hat Ignatius seinen Brief an die Römer gerichtet. Man darf wohl annehmen, daß in Smyrna Abschriften dieser Briefe gemacht wurden, wenn nicht überhaupt die Gemeinde von Smyrna ein Briefkopialbuch[2] besaß, in das sie eingetragen worden waren. Erwähnenswert ist dabei, daß bei einer Edition solcher Briefsammlungen aus den Kopialbüchern auch gewisse formale oder sogar darüber hinausgehende Korrekturen angebracht zu werden pflegten (vgl. Cic. Att. XVI,5,5; Sidon. 1,1). Der Brief an die Philadelphier könnte mit einem der Briefe über Smyrna gelaufen oder muß in Abschrift dahingekommen sein, wenn der Brief selbst von Pergamon aus über Thyatira und Sardes lief. Alle drei Briefe wurden von Troas aus geschrieben. Wie immer die Entstehungsverhältnisse der Sammlung beurteilt werden müssen, Polykarp hat sie ohne Zweifel zu verantworten. Diese Sammlung bestätigt bereits Eusebius in seiner Kirchengeschichte (III,36). Unser 13. Kapitel ist im übrigen durch Eusebius an der genannten Stelle griechisch erhalten, mit Ausnahme des letzten Satzes: „Laßt uns wissen, quod certius agnoveritis", d.h. wenn ihr etwas Sichereres erfahren habt. Zur Diktion mag man Apg 25,26 vergleichen, wo Festus sagt: „Ich habe aber über ihn (Paulus) nichts Zuverlässiges (ἀσφαλές τι) zu schreiben". Aus diesem Satz muß doch wohl mit höchster Wahrscheinlichkeit geschlossen werden, daß Polykarp noch nichts vom Tod des Ignatius und seiner Gefährten erfahren hat. 2 Pol 9,2 hingegen weiß er bereits vom Martyrium derselben. Die Gefährten des Ignatius oder wie es der lateinische Übersetzer genauer ausdrückt, „qui cum eo sunt", sind wohl die beiden in 2 Pol 9,1 genannten Zosimus und Rufus. Aus dem „sunt" des Lateiners darf man nicht ableiten, daß bewußt das Präsens intendiert war in dem Sinn, daß Ignatius und eben seine Gefährten noch am Leben wären. Der griechische Text mochte bloß τοῖς σὺν αὐτῷ geboten haben, wie denn auch 2 Pol 9,1 τοῖς ἐξ ὑμῶν steht, was mit „qui ex vobis sunt" übersetzt wurde. Daraus empfängt P.N. Harrisons These keine Stütze, sie beruht aber mit gutem Grund auf „quod certius agnoveritis" (s. Einleitung § 6).

---

[2] Solche libri litterarum missarum und adlatarum sind bezeugt und in einzelnen Papyri auch teilweise erhalten, vgl. Deissmann, Licht vom Osten, 200 f. mit Beispiel 233.

2. Der zweite Polykarpbrief

Polykarp und die Presbyter in seiner Umgebung an die Kirche Gottes[1], die in Philippi in der Fremde lebt: „Erbarmen und Friede möge euch von Gott dem Allmächtigen und Jesus Christus, unserem Erlöser, in Fülle zuteil[2] werden."

Der Name Polykarp kommt von πολύκαρπος „reich an Frucht, fruchtbar". Das Adjektiv ist belegt seit Hom. Od. 7,122; 24,221; Pind. Pyth. 9,12; Arist. Ran. 301; Eurip. Phoen. 230 und wird wie das lateinische „fructuosus" auch als Name gebraucht. Die griechische Namensform ist neben den Ignatiusbriefen und unserem Brief (nach Bauer, HNT 2, 1920, 284 und Paulsen, HNT 18,2, 1985, 113) seit etwa Mitte des 2. Jahrhunderts n. Chr. belegt (IG III 1122. 1163[94].1171 u. a.), lateinisch bereits vor dem Vesuvausbruch in Pompeji (CIL IV 2351; 2470 – Belege Bauer ebd., Paulsen ebd.). Wahrscheinlich ist auch der griechische Name nur zufällig nicht früher bezeugt. Allerdings kennen wir einen fast sicheren Beleg schon aus dem 6. vorchristlichen Jahrhundert, vielleicht aus Chios.[3] Auch der lateinische Name ist gut zwei dutzendmal allein in Rom belegt. Für das 1. bis 2. Jahrhundert etwa: CIL VI 11850.13902.13993. 17061.17541.20976 u. a.[4] „Die Römer haben den von ihnen selbst geprägten griechischen Namenschatz ihren Zwecken derart angepaßt, daß sie die griechischen Namen im Prinzip nur als Sklavennamen gebrauchten, andererseits aber für alle Sklaven, ohne Rücksicht auf ihre Herkunft."[5] Auffallenderweise nimmt Polykarp im Eingangsgruß seines Briefes ähnlich wie Ignatius den Bischofstitel nicht in Anspruch. Daß er Bischof war, erfahren wir anderwärts (IgnMagn 15; MartPol 16,2; Iren.haer. III,3,4). W. Bauers im übrigen mit G. Krügers[6] übereinstimmende Übersetzung: „Und die Presbyter mit ihm" lehnt H. Paulsen ebenso wie W. Bauers Deutung[7] als „die auf seiner Seite befindlichen Presbyter" ab. H. Paulsen übersetzt: „Polykarp und die Presbyter, die es mit ihm sind", und meint, daß Polykarp sich wie der Verfasser des ersten Petrusbriefs (5,1) den Presbytern als primus inter pares bescheiden gleichstelle. Diese Übersetzung ist aber keineswegs korrekt. Wäre sie zutreffend, dann müßte man im Präskript des Philadelphierbriefs des Ignatius σὺν τῷ ἐπισκόπῳ καὶ τοῖς σὺν αὐτῷ πρεσβυτέροις καὶ διακόνοις analog übersetzen, was nicht möglich ist, weil der Bischof von Philadelphia sonst nicht nur mit den Presbytern, sondern auch mit den Diakonen gleichgestellt gedacht würde. Soviel mag richtig sein, daß selbst in den kleinasiatischen Gemeinden, in denen der Monepiskopat am frühesten auftritt,

---

[1] Vgl. 1 Kor 1,2; 2 Kor 1,1.

[2] Vgl. 1 Petr 1,2.

[3] P. M. Fraser – E. Matthews, A Lexicon of Greek Personal Names, Bd. 1, Oxford 1987, 378a; bei Preisigke, Sammelbuch 2531: [πο]λύκαρπος.

[4] Solin, Bd. 2, 913.

[5] Ders., Bd. 1, 159.

[6] Krüger, NTApo 1904, 135 und NTApo 1924[2], 537.

[7] Bauer, Rechtgläubigkeit und Ketzerei, 74.

das Heraustreten des Bischofs aus der Reihe der Presbyter noch nicht so entschieden wie später empfunden worden ist. Man braucht nur an die berühmte Stelle aus dem Titus-Kommentar des Hieronymus, die später bis ins Mittelalter immer wieder Stoff zu Erörterungen geboten hat, denken: „Presbyter ist also dasselbe wie Bischof. Und ehe auf Anstiften des Teufels Parteiungen im Glauben entstanden waren und man im Volk sagte: ‚Ich bin des Paulus, ich des Apollo, ich aber des Kephas' (1 Kor 1,12), wurden die Kirchen von einem Presbyterkollegium (communi presbyterorum concilio) geleitet. Nachdem aber jeder diejenigen, die er getauft hatte, als die Seinen betrachtete und nicht Christi, wurde auf dem ganzen Erdkreis beschlossen, daß einer aus den Presbytern erwählt und den übrigen übergeordnet würde. Diesem einen sollte die ganze Sorge für die Kirche obliegen und so das Entstehen von Schismen im Keime erstickt werden."[8] War aber die bischöfliche Stellung des Polykarp in seiner Gemeinde noch nicht so hervorgehoben wie etwa die des Ignatius, so kann man dafür eine leise Bestätigung im Präskript des Briefs des Ignatius an Polykarp finden, wenn es da heißt: „Ignatius ... an Polykarp, den Bischof der Gemeinde der Smyrnäer, der vielmehr Gott den Vater und den Herrn Jesus Christus zum Bischof hat (ἐπισκόπῳ ἐκκλησίας Σμυρναίων, μᾶλλον ἐπισκοπημένῳ ὑπὸ θεοῦ πατρὸς καὶ κυρίου 'Ι. X.)." μᾶλλον (vielmehr) setzt ja eigentlich voraus, daß man vorher übersetzt: „der zwar Bischof der Smyrnäer ist, vielmehr aber (wie alle, vgl. 1 Petr 2,25) zum Bischof Gott den Vater hat und den Herrn Jesus Christus".[9]

Ein interessantes Detail entnimmt man der Anschrift noch: Polykarp kennt bei den Philippern keinen Bischof. Das ist kaum anders zu verstehen, als daß es in dieser Gemeinde noch nicht den Monepiskopat gab. Im paulinischen Philipperbrief (1,1) stammt die Verbindung von Bischöfen und Diakonen sicher aus dem weltlichen Bereich; weder diese noch jene bezeichnen schon ein Amt. So wird auch Tit 1,6f. Presbyter- und Bischofsamt noch identisch gesehen.[10] Polykarp gedenkt nur der Presbyter und Diakone in Philippi (6,1; 5,2), denen wie Gott und Christus Gehorsam geschuldet wird (5,3). J. A. Fischer[11] hält es aus geschichtlichen und auch dogmatischen Gründen für sehr zweifelhaft, daß die bedeutende Gemeinde von Philippi keinen Bischof besaß und nur einfache Presbyter und Diakone an ihrer Spitze hatte. Den abgesetzten Valens als ehemaligen monarchischen Bischof anzusehen, lehnt er ab, dafür spreche kein An-

---

[8] Hieronymus, In Epist.Tit. zu Kap. I,5 PL 26, 562.

[9] Schoedel, 398 bemerkt zurecht: „Das einzig Ungewöhnliche in dem Gruß ist, daß dem Hinweis auf Polykarp als ‚Bischof' die Verbesserung folgt, er sei vielmehr derjenige, der ‚Gott und Christus zum Bischof hat'. Hier liegt ein Wortspiel vor, das dem Gebrauch des Aktivs und des Passivs des Verbs in Smyrn. 5,1 ähnelt". Als Parallelen führt Schoedel noch IgnMagn 3,1 und IgnRom 9,1 an und ergänzt: „An unserer Stelle wird die bewußt gewählte Verbesserung in der Absicht hinzugefügt, den Smyrnäern klar zu machen, daß Polykarps Autorität, das Gemeindeleben zu lenken, auf der besonderen Führung ihres Bischofs durch Gott beruht."

[10] Vgl. kurz R. Schnackenburg, Bischof (Episkopos), NBL 1, 1991, 301f.

[11] Fischer, Die Apostolischen Väter, 241.

haltspunkt. J. A. Fischer gibt aber immerhin zu: „Vermutlich war in Philippi die Entwicklung vom kollegialen zum monarchischen Episkopat noch nicht so fortgeschritten wie in Syrien und Kleinasien, sodaß die Presbyter, von denen Polykarp … spricht, sachlich identisch wären mit den kollegialen Episkopen bei Paulus und wohl den Amtspresbytern im Klemens-Brief."[12]

Anders als J. A. Fischer meint R. M. Grant,[13] daß Polykarp den Bischof von Philippi deswegen nicht nennt, weil dieser – vielleicht schon abgesetzte Bischof – der Kap. 11 erwähnte Valens ist. Deswegen wären ja die Philipper nun den Presbytern und Diakonen unterstellt gewesen, nicht dem Bischof (2 Pol 5,3). Wenn Polykarp Valens fragt: „Wer sich aber in diesen Dingen selbst nicht in der Hand hat, wie kann der anderen raten?" so paraphrasiert er, was 1 Tim 3,5 über den Bischof gesagt wird. Und während sein Hinweis auf Jesus als den „ewigen Hohenpriester" uns an die Worte des Ignatius (Phld 9,1) erinnert, könnte er suggerieren, daß für die Dauer der zeitlichen Absenz eines Bischofs die Philipper Christus als ihren unmittelbaren Leiter haben (vgl. was Ignatius Rom 9,1 von Gott oder Jesus als Bischof in Syrien gesagt hat). Auch J. Rius-Camps[14] vertritt die Meinung, daß Valens nicht ein einfacher Presbyter gewesen sei, sondern der Hauptbischof von Mazedonien. J. J. A. Calvo, der J. Rius-Camps zitiert,[15] widerspricht ihm, indem er feststellt, daß Polykarps Schreiben für soviel Präzision keinen Anhaltspunkt biete.

Der Ausdruck ἐκκλησία θεοῦ ist wesentlich paulinischer Sprachgebrauch, dazu geeignet, den für Griechen durchaus geläufigen Ausdruck mit einer religiös christlichen Färbung und damit einem besonderen Sinn zu versehen.[16] Die Kirche bewohnt Philippi ohne Heimatberechtigung, die Christen sind Fremdlinge. Daß die Herausgeber seit J. B. Lightfoot Φιλίππους statt des überlieferten Φιλίπποις lesen, wird damit begründet, daß παροικεῖν mit dem Dativ „danebenwohnen", „Nachbar sein" bedeutet.[17] Der Ausdruck selbst im Briefpräskript kommt vom formgeschichtlichen Vorbild dieses Briefanfangs. Und das ist, wie E. Peterson und C. Andresen gezeigt haben, das spätjüdische Diasporaschreiben, dem die „Katholischen Briefe" der frühchristlichen Literatur vielfach entsprechen.[18] „Die παροικία ist, wie Jesus Siracides, Prol. 34, zeigt, die Diaspora, die ἐκκλησία παροικοῦα demnach: die Christusgläubigen außerhalb

---

[12] Ebd.

[13] R. M. Grant, After the New Testament, Philadelphia o. J., 53 f.

[14] J. Rius-Camps, „el obispo-supervisor de Macedonia": vgl. La Carta de Policarpo a los Filipenses, ¿aval de la recopilación „Policarpiana" o credenciales del nuevo obispo Crescente?, in: E. Romero Pose (Hg.), Pléroma. Salus Carnis (Homenaje a Antonio Orbe SJ), Santiago de Compostela 1990, 160 f.

[15] In seiner Ausgabe, 225 Anm. 70.

[16] Bauer – Aland, 486.

[17] Ebd. 1270. Zu den dortigen Belegen erg. Preisigke, Sammelbuch 8303,13: ταῖς πυραμίσι.

[18] E. Peterson, Das Praescriptum des ersten Clemensbriefes, in: ders., Frühkirche, Judentum und Gnosis, Rom–Freiburg–Wien 1959, 129–136 und C. Andresen, Zum Formular frühchristlicher Gemeindebriefe, ZNW 56, 1965, 233–259.

Palästinas. Der christliche Brief ist ein Erbe des jüdischen Briefes".[19] Von der
„terra peregrinationis" ist oft die Rede (Jub 27,9), da ist es Mesopotamien; dann
Ägypten: Peregrinantes peregrinati sunt patres nostri ab initio in Aegypto (4 Esr
14,29). Vergleiche noch Apg 7,6.29; 13,17; 1 Petr 1,17; 2,11. Dem griechisch
Sprechenden war der Unterschied zwischen κατοικεῖν und παροικεῖν durchaus
vertraut. So erklärt Cyrill von Alexandrien († 444) Ps 14,1 so: „Wer in diesem
Leben als Fremder wohnt (παροικῶν) und das jetzige Leben wie Schatten und
Heu bloß im Vorübergehen genießt, der wird im zukünftigen Reich zelten (Ps
14,1), d.h. richtig wohnen (κατοικεῖν) können".[20] Um die gleiche Zeit etwa
schreibt Theodoret von Kyros zu Ps 38,14: „Ich bewohne die Erde nicht,
sondern wohne ohne Heimatrecht da" (οὐδὲ ... κατοικῶ τὴν γῆν ἀλλὰ παρ-
οικῶ).[21]

Das Nebeneinander von ἔλεος „Erbarmen" und εἰρήνη „Wohlergehen, Friede" findet sich schon Tob 7,12 in der vom Codex Sinaiticus gelieferten zweiten
griechischen Textform. Die beiden Begriffe stehen sich auch in den Qumrantexten sehr nahe (1QH XIII,5.17; XV,16; 1QS II,4; Kriegsrolle 1QM XII,3).

Der Segenswunsch ist alt. Schon in altbabylonischen Briefen findet er sich für
Leben, Wohl, Gesundheit von den Göttern. „In den Königsbriefen und amtli-
chen Schreiben unterblieb der Segenswunsch".[22] πληθυνθείη (jiśeg̱e') lesen wir
auch Dan 3,31 (98), wo Nebukadnezzar schreibt, und Dan 6,26, wo König
Darius schreibt. Die gleiche Formel gebraucht Rabban Gamaliel II. (um 100 n.
Chr.).[23] An unserer Stelle mögen 1 Petr 1,2; 2 Petr 1,2; Jud 2 Pate gestanden sein
und sicherlich auch die Anschrift des 1. Clemensbriefs.

παντοκράτωρ an unserer Stelle verdankt sich ohne Zweifel ebenfalls der
Inscriptio des 1. Clemensbriefs. In diesem Brief wird Gott noch fünfmal so
tituliert. Schon im Neuen Testament erscheint der Ausdruck zehnmal. Im Alten
Testament wird mit παντοκράτωρ gewöhnlich ṣebā'ôt oder auch šaddaj wiedergegeben. Im frühjüdischen Schrifttum ist der Ausdruck weiterhin sehr beliebt.
W. Michaelis meint zu Recht: „Der konventionelle Charakter, den παντοκράτωρ im Neuen Testament hat, macht es schwer, der Vokabel eine spezifisch
neutestamentliche Bedeutung abzugewinnen".[24] Er hält dafür, daß einschließ-
lich der Aufnahme des Ausdrucks in das Glaubensbekenntnis der alttestamentliche Sprachgebrauch maßgeblich war. Man darf auf der einen Seite nicht
vergessen, daß die uns vertraute lateinische Wiedergabe „omnipotens" im
Grund unzureichend ist, eigentlich παντοδύναμος wiedergibt, während παντοκράτωρ darüberhinaus von seiner bewahrenden, erhaltenden, zusammenhal-
tenden Tätigkeit (πάντα κρατῶν) zu verstehen ist. In diesem Sinn ist die

---

[19] Peterson, ebd. 129.
[20] PG 69, 805B.
[21] PG 80, 1152A.
[22] O. Schroeder, Briefe, Reallexikon für Assyriologie 2, 1938, 64 f.
[23] Text und Übersetzung bei K. Beyer, Die aramäischen Texte vom Toten Meer, Göttingen 1984,
359.
[24] W. Michaelis, παντοκράτωρ, ThWNT 3, 1967, 914 Anm. 12.

gelegentliche[25] Wiedergabe durch „omnitenens" richtiger. H. Hommel hat diesen weitreichenden Bedeutungsinhalt von παντοκράτωρ lichtvoll dargestellt.[26] Er weist den Gedanken des Allumfassers als stoisch aus, zitiert etwa Cicero (nat. deor. 2,86: Sator ... omnia ... continet) und vergleicht mit Recht das berühmte magische Quadrat „Sator opera tenet".[27] Hierher gehört Weish 1,7 τὸ συνέχον τὰ πάντα. Die Vorstellung, daß die Gottheit das All, den Kosmos zusammenhält, ist uralt. So heißt es etwa in einem Brief Sînidinnams von Larsa an den Sonnengott: „Dem Helden ... der die Ordnungen zusammenhält und vereinigt".[28] Ähnliches findet sich in babylonisch-assyrischen Texten. Etwa die Šamaš(Sonnengott)hymne, wo es von der Tätigkeit des Gottes heißt: „Es hält niedergeworfen gleich einem Fangnetz dein Strahlenglanz [das Land?], die fernsten Gebirge, die [...] des Meeres".[29] Die Vorstellung wird also aus fernen Wurzeln gespeist.

Heiland, griech. σωτήρ, wird Jesus auch bei Ignatius genannt (Eph 1,1; Magn Inscr.; Phld 9,2; Smyrn 7,1). Von Gott gebraucht findet sich dieser Titel schon Ps 24,5; 27,1; vgl. Jes 19,20; von Gott auch im Neuen Testament Lk 1,47; 1 Tim 1,1; 2,3; 4,10; Tit 1,3; 2,10; 3,4; Jud 25. In der hellenistischen Umwelt wurden Götter, Heroen und Herrscher als „Heilande" bezeichnet. Heilung von Krankheit etwa schafft der „Heiland" Asklepios. Der vergöttlichte Herrscher bringt Frieden und Ordnung als „Heiland". Auch in den Mysterienkulten werden die Gottheiten als „Heiland" gepriesen, die gegen Tod und Materie auftreten. Jesus hat zu seinen Lebzeiten kaum je den Titel „Heiland" erhalten. Er erhält aber den Titel wohl schon bald als der Erretter seines Volkes von Sünde und Tod, also aufgrund seines Erlösungswerkes (Lk 2,11; Apg 5,31; 13,23; weiters 2 Tim 1,10). Daß hier eine bewußte Gegenüberstellung der „Erscheinung unseres Soters Christus Jesus, der den Tod entmachtet hat" (2 Tim 1,10) im Blick auf die analoge Terminologie des Herrscherkults, auf das Erscheinen des göttlichen Herrschers intendiert ist, läßt sich zwar nicht beweisen, erscheint aber wahrscheinlich. Wenn die Leute bei Johannes (4,42) sagen: „Dieser ist wirklich der Soter des Kosmos" (vgl. 1 Joh 4,14), dann mag der Evangelist die Formel durchaus in Antithese zu den Formeln des Soter-Herrscherkults gewählt haben, oder vielleicht sogar den „Heiland" Asklepios, der sein Heiligtum in Pergamon (Offb 2,13 „Thron des Satans") hatte, angreifen. In unserem Zusammenhang ist

---

[25] Zu omnitenens vgl. Ps.-Tert. Carm. adv. Marc. 5,202 CChr.SL 2, 1453; Aug. Conf. 11,13,15 CChr.SL 27, 201.

[26] H. Hommel, Schöpfer und Erhalter. Studien zum Problem Christentum und Antike, Berlin 1956. Vgl. weiter mit Literaturangaben D.L. Holland, Παντοκράτωρ in New Testament and Creed, TU 112, 1973, 256–266.

[27] Weiteres dazu bei J.B. Bauer, Die Satorformel und ihr Sitz im Leben, Adeva-Mitteilungen 31, 1972, 7–14.

[28] R. Borger, Ein Brief Sîn-idinnams von Larsa an den Sonnengott sowie Bemerkungen über „Joins" und das „Joinen", NAWG.PH 2, 1991, 79.

[29] Übersetzung von B. Landsberger, in: Textbuch zur Religionsgeschichte, hrsg. von E. Lehmann – H. Haas, Leipzig – Erlangen 1922, 308.

zu erinnern, daß auch Smyrna einen Asklepiostempel mit dem entsprechenden Kult besaß.

Wenn der Soterbegriff auch eher dem biblischen Hintergrund entnommen worden ist, so muß er doch gerade von den hellenistischen Heiden fast polemisch verstanden worden sein. Dem christlichen Soterbegriff eignet im übrigen etwas, was dem hellenistischen Soterbegriff völlig fremd ist, nämlich das eschatologische Moment, „das Erscheinen der Herrlichkeit unseres großen Gottes und Retters Christus Jesus" (Tit 2,13). Das ist gut paulinisch (Phil 3,20): „Unsere Heimat ist im Himmel. Von dort her erwarten wir auch den Soter, den Herrn Jesus Christus".[30] F.J. Dölger wird nicht Unrecht haben, wenn er schreibt: „Das Beiwort σωτήρ für Asklepios ist in der Sprache des Volkes schließlich das kennzeichnende Hauptwort, es ist Name geworden. Asklepios ist ‚der Soter'. Diese Sprachentwicklung war besonders naheliegend in den Asklepios-Heilstätten der Antike. Aelius Aristides ist Beleg dafür. Asklepios wird ὁ σωτήρ genannt von den hilfsbedürftigen Heiden; Christus trägt den Namen ὁ σωτήρ bei den Christen. Von hier aus wird es erst völlig verständlich, daß z.B. der heidnische Platoniker Kelsos den Heiland Asklepios dem Heiland der Christen gegenüberstellen konnte. Er wies dabei auf die Heilungswunder und Orakel in den Asklepios-Städten Trikka, Epidauros und Kos hin und fügte ausdrücklich noch Pergamon bei. Es scheint mir kein Zufall zu sein, daß in derselben Zeit, da Aelius Aristides so stark seinen Asklepios ohne weiteren Beisatz ὁ σωτήρ nennt, auch im Christentum die absolute Bezeichnung ὁ σωτήρ für Christus Aufnahme und Verbreitung gefunden hat. Wie die Heiden ihren Heiland Asklepios Christus entgegenstellten, so stellten die Christen ihren Heiland Christus dem Asklepios gegenüber."[31]

(I) 1/2 „Ich freue[32] mich sehr mit euch in unserem Herrn Jesus Christus, daß ihr die Nachbilder der wahren Liebe aufgenommen und die mit heiligen Fesseln Gebundenen mit allem (für die Reise Nötigen) versehen habt, wie es euch zukam. Denn solche Fesseln sind die Diademe der wahrhaft von Gott und unserem Herrn Erwählten. Und (ich freue mich) daß die starke, seit alten Zeiten gerühmte Wurzel eures Glaubens bis heute fortdauert und Frucht bringt für unseren Herrn Jesus Christus. Er hat ja ausgehalten[33] ‚für unsere Sünden'[34], bis er den Tod fand. ‚Ihn hat Gott auferweckt'[35], hat ‚gelöst die Wehen des Hades'[36]. 3 ‚An ihn, den ihr nicht gesehen habt, glaubt ihr mit unsagbarer und herrlicher Freude'[37], in die viele einzugehen begehren[38]; ihr wißt eben, daß ‚ihr aus Gnade gerettet worden seid, nicht aufgrund von Werken'[39], sondern aus Gottes Willen durch Jesus Christus[40]."

---

30 Bauer, Bibeltheologisches Wörterbuch, 290, Stichwort „Heiland" und die dortige Literatur.
31 Dölger, Antike und Christentum 6, 263.
32 Vgl. Phil 2,17; 4,10. ·
34 Vgl. 1 Kor 15,3.
36 Apg 2,24.
38 Vgl. Mt 13,17 und 25,21.23.
40 Vgl. Hebr 10,10.
33 Vgl. Hebr 12,2.
35 Apg 3,15.
37 1 Petr 1,8.
39 Eph 2,5.8f.

1 „Ich freue mich mit euch" (συνεχάρην), so übersetzten richtig G. Krüger, W. Bauer, K. Lake, W. R. Schoedel und H. Paulsen, während J. B. Lightfoot, F. Zeller, Th. Camelot, D. Ruiz Bueno, H. U. von Balthasar und J. J. A. Calvo mit „ich habe mich gefreut" dem Aorist des Urtexts treu bleiben zu müssen meinen. Doch wird auch im griechischen Briefstil der Zeitpunkt zuweilen vom Standpunkt des Empfängers gewählt, „dies so früh, daß Beeinflussung durch das Latein ausgeschlossen erscheint".[41] In der Regel steht in diesem Fall das Perfektum.[42] E. Mayser[43] stellt allerdings fest: „Nur vereinzelt begegnet der Aorist im Sinne unseres Präsens, indem sich der Schreibende in die Lage des Empfängers versetzt, wofür gewöhnlich das Perfektum, bei Zuständen das Imperfektum gebraucht wird".[44] J. B. Lightfoot verweist auf Phil 4,10, muß aber dann in seiner Übersetzung im Kommentar ergänzend einfügen: „I rejoiced to hear that" etc.

„Nachbilder der wahren Liebe" meint nicht etwa Christus als die wahre Liebe nach Joh 14,6; 1 Joh 4,8–10. Christus wird in diesem Sinn nie die Liebe genannt. Man wird an die „Nachahmer seines Leidens" (unten 8,2), an IgnRom 6,3 („Gestattet mir, Nachahmer des Leidens meines Gottes zu sein") sowie Ign Phld 7,2 („Werdet Nachahmer Jesu Christi!") denken müssen und in der wahren Liebe jene Liebe erkennen dürfen, die Jesus als ein neues Gebot gibt und deren Maß ist: „Wie ich euch geliebt habe" (Joh 13,34) und von der es Joh 15,12f. heißt: „Wie ich euch geliebt habe, (denn) eine größere Liebe als diese hat niemand als die, daß einer sein Leben hingibt für seine Freunde".

„Heilig", άγιοπρεπής, von den Fesseln heißt nicht „Bande, wie sie ein Heiliger trägt" (Bauer – Aland, 16), sondern einfach „heilig" von der Berührung des Heiligen her. So nennt Martial „sacri pisces", weil sie die Hände des Kaisers lecken (IV,30,3).

„Mit allem (für die Reise Nötigen) versehen", das ist hier die Bedeutung von προπέμπειν. Die neutestamentlichen Lexikographen haben diese Bedeutung immer schon notiert (z. B. F. Zorell 1911; H. Ebeling 1913; natürlich auch W. Bauer und jetzt Bauer – Aland, 1420). Merkwürdigerweise übersetzt W. Bauer (desgl. W. Bauer – H. Paulsen) „weitergeleitet habt", ebenso G. Krüger, F. Zeller, D. Ruiz Bueno, Th. Camelot, H. U. von Balthasar, J. J. A. Calvo, alle wohl im Gefolge von J. B. Lightfoot („received"), nur K. Lake und W. R. Schoedel haben richtig „helped on their way". Die Philipper haben, darauf geht die Freude Polykarps, Ignatius und seine Gefährten auf ihrem Weg zum Martyrium nach Rom brüderlich aufgenommen und ihnen jegliche Hilfe für die Weiterreise angedeihen lassen. 9,1 sind sie ja genannt. Die Diademe mögen proleptisch auf die Bekränzung der Toten, der Märtyrer hinweisen, sind aber

---

[41] L. Radermacher, Neutestamentliche Grammatik, Tübingen 1925², 153; vgl. 156.
[42] E. Mayser, Grammatik der griechischen Papyri aus der Ptolemäerzeit, Bd. 2, Berlin – Leipzig 1926, 183–185.
[43] Ebd. 144.
[44] Vgl. jedoch Blass – Debrunner – Rehkopf, 273 (§ 334); Turner, 72f. (§ 3).

Symbol der Siegeskränze, die den Berufenen und treu Gebliebenen verheißen sind (Phil 3,14; 2 Tim 4,8; Weish 5,16).[45] G. H. W. Lampe (338b) gibt nur zwei Stellen aus den Ignatiusbriefen neben unserer als Belege für den symbolischen Gebrauch der Märtyrerfesseln; IgnEph 11,2 werden sie „geistliche Perlen", Smyrn 11,1 „von höchster göttlicher Herrlichkeit" genannt.[46] ἐνειλημένους „umschlungen, umwunden", bedarf keiner Änderung; so mit Recht unter Hinweis auf antike Belege J. B. Lightfoot (322).

Ein besonderes Problem stellt die alte lateinische Übersetzung dar: „Congratulatus sum vobis magnifice in Domino nostro Iesu Christo, suscipiens imitabilia verba dilectionis, quam ostendistis in illis qui praemissi sunt viris sanctis, decorosis vinculis connexis, quae sunt coronae electae Deo, illius veri regni, per Dominum nostrum Iesum Christum." Der Text kann etwa so übersetzt werden: „Ich freue mich mit euch sehr in unserem Herrn Jesus Christus, da ich den nachahmenswerten Bericht von der Liebe erhalte, die ihr den heiligen Männern erwiesen habt, die vorausgeschickt worden sind, die mit (jenen) schönen Fesseln gebunden waren, die von Gott auserwählte Kronen sind, jenes (Joh 18,36) wahren Reiches durch unseren Herrn Jesus Christus." Damit ist offenbar eine andere griechische Vorlage wiedergegeben. Sie ist etwa so zu rekonstruieren: … δεξάμενος τὰ μιμητὰ ῥήματα τῆς ἀγάπης, ἣν ἐνεδείξασθε ἐν τοῖς ἁγίοις τοῖς προπεμφθεῖσι τοῖς ἐνειλημένοις τοῖς ἁγιοπρεπέσιν δεσμοῖς ἅτινα ἔστιν ὑπὸ θεοῦ ἐκλελεγμένα διαδήματα τῆς ἀληθινῆς βασιλείας κτλ.

Der interessanteste Passus in diesem Text ist „qui praemissi sunt". Wir geraten hier an einen Gemeinplatz, der sehr alt ist und eine lange Wirkungsgeschichte besitzt. Der lutherische Theologe Johann Gerhard schreibt in seinen 1606 erschienenen Meditationes sacrae: „Nostros non amittimus, sed praemittimus". Papst Paul IV. erklärt in der Trauerrede auf Johann Gropper († 1559) in der Kirche der Anima:[47] „Nequaquam amisimus, sed ad Deum praemisimus". Auf einem altchristlichen Grabstein aus dem Jahr 521 steht „praemiserunt lumina sua" (ILCV I 1137a). Augustinus (ep. 92,1): „Dimisimus illos immo consecuturi praemisimus". Ambrosius (exc. fr. 1,71): „Non amitti, sed praemitti videntur". Ähnlich auch Hieronymus (ep. 123,10). Weiter zurück kommen wir mit Cyprian ad Fortunatum 11, wo es von der Mutter der makkabäischen Märtyrer heißt: „Quos ad Deum praemiserat ipsa quoque sequeretur" und de mort. 20: „cum sciamus non amitti (fratres) sed praemitti". Zu letzterer Stelle hat H. Koch[48] auf Seneca verwiesen. Nicht zu vergessen sind übrigens die Acta Maximiliani (3, † 12. 3. 295), in denen der Vater des Märtyrers mit großer Freude heimkehrt und Gott dankt, „quod tale munus domino praemisit, ipse postmo-

---

[45] Vgl. K. Baus, Der Kranz in Antike und Christentum, Theoph. 2, 1940, 113–142. 170–190; weiters A. J. Brekelmans, Märtyrerkranz, AnGr 150, Rom 1965.

[46] Zu den Fesseln vgl. noch H.-W. Bartsch, Gnostisches Gut und Gemeindetradition bei Ignatius von Antiochien, BFChTh.M 44, Gütersloh 1940.

[47] Vgl. A. Hudal, Deutsche Gedenksteine in Rom: Roma Aeterna, Kirchliche Mitteilungen 5, Rom 1925, 88.

[48] H. Koch, Cyprianische Untersuchungen. Arbeiten zur Kirchengeschichte 4, Bonn 1926, 296.

dum secuturus". Ehe wir zu Seneca kommen, ist noch Tertullian zu nennen. Bei Tertullian geht es um Gatten oder Kinder. Die Witwe wird gefragt: „In pace praemisisti virum?" (monog. 10,3); „praemissis maritis" (uxor. I,4,3; vgl. I,5,1); „post uxorem in pacem praemissam" (exhort. cast. 1,1). Bei Seneca heißt es nun ep. 63,16: „quem putamus periisse praemissus est", ganz ähnlich ep. 99,7 und consol. Marc. 19,1: „dimisimus illos, immo consecuturi praemisimus". Aber auch in Lukians Totengesprächen 6,5 lesen wir: „μηδὲ πρότερόν γε σὺ ἀποθά-νοις ἢ προπέμψας πάντας τοὺς κόλακας" – „Du sollst auch nicht sterben, bevor du nicht alle deine Schmarotzer vorausgeschickt hast". Nun wird im Griechischen προπέμπειν auch für „die Leiche zur Bestattung begleiten" ge-braucht (Liddell – Scott, 1494a). Aber die Lukianstelle ebenso wie ein Satz Gregors von Nazianz (or. 7,4 SC 405, 188f.) lassen deutlich den zeitlichen Aspekt des „Vorausschickens" erkennen. So lesen wir auch 2 Makk 6,23 προ-πέμπειν εἰς τὸν ᾅδην. Der alte Eleazar erklärt, ehe er Götzenopferfleisch esse, „praemitti se velle in infernum". Wir werden also gut daran tun, an unserer Stelle „qui praemissi sunt" ebenfalls in diesem Sinn zu verstehen.

2 Daß ὅτι nach einem Verb verlangt, liegt auf der Hand. Es ist dem Sinn nach zu ergänzen: „und ich freue mich auch". βεβαία πίστις im Sinn von fester, unverbrüchlicher Treue findet sich bereits Est 3,13c und 3 Makk 5,31; vom „festen Glauben" der Römer spricht 1 Clem 1,2 (vgl. 6,2). Man könnte hier an Enallage und an die Wurzel des festen Glaubens denken. Die „Wurzel" abstrak-ter Begriffe kommt verschiedentlich vor: Weish 3,15: die Wurzel der Klugheit; 15,3: die Wurzel der Unsterblichkeit. βέβαιος ist übrigens in der Sprache der Papyri ein außerordentlich häufig vorkommendes Wort, das „fest, gesichert, zuverlässig" bedeutet, vom Geld, vor allem vom gesicherten Besitz, der gegen jeden Zugriff geschützt ist. Für das Verbum und das Substantiv werden die Bedeutungen „sicherstellen, gewährleisten, bestätigen, Sicherstellung, Gewähr-leistung" angegeben (Preisigke, Wörterbuch Bd. 1, 262f.). „Seit alten Zeiten" erinnert an Apg 15,7.21, weiters der „gerühmte" Glaube an Röm 1,8. Die erste Christengemeinde, die Paulus in Europa gegründet hatte, war Philippi. Daß dieser Glaube fortdauert und daß die Wurzel Frucht bringt (Mt 13,23; Lk 8,15; Röm 7,4; Kol 1,6), verdient Lob.

„Gott hat gelöst die Wehen des Hades." Es liegt ein Zitat aus Apg 2,24 vor. Statt, wie es im Hebräischen heißt, ḥaeblei māwaet (2 Sam 22,6; Ps 18,5; 116,3) oder ḥaeblei schᵉôl, die Fesseln der schᵉôl (Ps 18,6), haben schon die alten Übersetzer statt ḥaebael „Fessel" gelesen: ḥebael „Schmerz/Wehen". Wenn „Wehen des Hades" statt „Wehen des Todes" steht, handelt es sich um einen einfachen Synonymentausch, wie er sich ebenfalls an der Stelle der Apostelge-schichte in einem Teil der Überlieferung (D latt u. a. wie dem lateinischen Irenäus) findet. Daß im Zusammenhang mit einem Zitat aus der Pfingstrede des Petrus ein Zitat aus dem ersten Petrusbrief (1,8) unmittelbar folgt, ist zu beach-ten.

„In die Freude eingehen" erinnert an Mt 25,21b.23b, aber auch an 1 Petr 1,12b. Die πολλοί aber gehen auf Mt 13,17; Lk 8,24 zurück. Hier zeigt sich, daß etwas

Richtiges daran ist, wenn A. Harnack den Polykarpbrief einen „Cento aus der
älteren Literatur" genannt hat.[49] Allerdings darf man nicht an eine Technik mit
Schere und Klebstoff denken, sondern daran, daß dem Verfasser analoge Texte
im Gedächtnis zusammenfließen.

3 Eine paulinische Wendung ist εἰδότες ὅτι (Röm 5,3; 6,9; 13,11; 1 Kor 15,58;
2 Kor 1,7; 4,14; 5,11; Gal 2,16; Eph 6,8; Phil 1,16; Kol 3,24; vgl. aber Jak 3,1;
1 Petr 1,18). Es folgt ein Zitat aus Eph 2,5b.8a.9a. ἀλλὰ θελήματι θεοῦ könnte
wieder aus 1 Petr 4,2 stammen. Nicht aufgrund von Werken gerettet worden zu
sein, sondern aus Gnade, verlangt auf der anderen Seite die Anstrengung, im
Glauben Frucht zu bringen.

(II) 1 **"Darum gürtet eure Hüften, dient Gott in Furcht[1] und Wahrheit, verlaßt das
leere Geschwätz und den Irrweg der vielen, glaubt an den, der unseren Herrn Jesus
Christus von den Toten erweckt und ihm die Ehre gegeben hat[2] und den Thron zu
seiner Rechten; dem er alles unterworfen hat[3], was im Himmel und auf der Erde ist[4],
dem jedes Lebewesen dienstbar ist[5], der kommen wird als Richter der Lebenden und
der Toten[6], dessen Blut Gott einfordern wird[7] von denen, die ihm nicht gehorchen[8].
2 Der ihn aber auferweckt hat von den Toten, wird auch uns auferwecken[9], wenn wir
seinen Willen tun und in seinen Geboten wandeln und lieben, was er geliebt hat, uns
enthalten von jeder Art Unrecht, Habsucht, Liebe zum Geld, Verleumdung, falschem Zeugnis: nicht Schlechtes mit Schlechtem vergeltend noch Schmähung mit
Schmähung[10], noch Faustschlag mit Faustschlag, noch Fluch mit Fluch. 3 In Erinnerung an das, was der Herr lehrend gesagt hat: Richtet nicht, damit ihr nicht gerichtet
werdet[11], vergebt und es wird euch vergeben werden, erbarmt euch, damit ihr
Erbarmen findet; mit dem Maß, mit dem ihr meßt, wird euch wieder gemessen
werden[12]; und selig die Armen[13] und die verfolgt werden um der Gerechtigkeit
willen, denn ihrer ist die Herrschaft Gottes."**

1 Während im Neuen Testament die Aufforderung zum Gürten der Lenden
mit dem Kommen des Herrn begründet wird (1 Petr 1,13; Lk 12,35) oder auch
mit dem Kommen des Gerichtstages (Eph 6,14) und damit die eschatologische
Ausrichtung deutlich wird, erfahren wir von Polykarp nichts darüber, wofür
oder für wen man sich bereithalten soll. „Die Aufforderung zum Gürten der
Lenden ist Ausdruck der Bereitschaft zum Dienen und ist zu einer rein ethischen Ermahnung geworden."[14] W. R. Schoedel weist darauf hin, daß fruchtlose
Diskussion und Irrtum in jüdischen und christlichen Quellen vor allem auf
Idolatrie oder die Weltlichkeit der Heiden hinweist (Weish 13,1; Apg 14,15;

---

[49] Von Harnack, Patristische Miszellen, 87.

[1] Ps 2,11.
[3] Vgl. Phil 3,21.
[5] Vgl. Ps 150,6.
[7] Vgl. Gen 42,22; Lk 11,50.
[9] Vgl. Röm 8,11; 1 Kor 6,14; 2 Kor 4,14.
[11] Mt 7,1; vgl. Lk 6,37.
[13] Mt 5,3.10; vgl. Lk 6,20.

[2] 1 Petr 1,21.
[4] Vgl. Phil 2,10.
[6] Vgl. Apg 10,42; 2 Tim 4,1; 1 Petr 4,5.
[8] Vgl. 1 Petr 4,17.
[10] 1 Petr 3,9.
[12] Lk 6,38; vgl. Mt 7,2.
[14] Bovon-Thurneysen, 255.

1 Kor 3,20; 1 Petr 1,18; Barn 4,10; HermMand XI,8; Irrtum: 2 Thess 2,11; Barn 4,1; 14,5; IgnEph 10,20), daneben aber auch auf die Irrtümer und Laster der Häretiker (Tit 3,9; IgnPhld 1,1? Irrtum: 2 Petr 3,17; Jud 11; 1 Joh 4,6; nichtssagende Reden: 2 Petr 2,18). ματαιολογία kommt im Neuen Testament nur 1 Tim 1,6 vor (vgl. Tit 1,10), bei den apostolischen Vätern nur hier (vgl. jedoch IgnPhld 1,1). Polykarp dürfte auf Häretiker verweisen. Daß es viele gewesen seien in Smyrna, darf man aus dem Ausdruck πολλοί nicht herauslesen. Das Wort ist ohne Zweifel abwertend gemeint (vgl. Xen. Mem. I,1,19; Sir 6,22; 8,2; 27,1 usw., andere Stellen bei W. R. Schoedel z. St.).

2 Wer sich moralisch bewährt, dem wird die Auferstehung zuteil werden: wenn er nämlich den Willen Gottes tut, wenn er in seinen Geboten wandelt und liebt, was er geliebt hat. Die letztere Wendung begegnet mit wenig Abänderungen viermal in den Qumrantexten. In der Gemeinderegel (1 QS I,3f.) heißt es, daß der Fromme alles tun muß, was gut und recht vor Gott ist, was er durch Mose und seine Propheten befohlen hat, „und alles zu lieben, was er erwählt, und alles zu hassen, was er verworfen hat; sich fern zu halten von allem Bösen". Ähnlich steht es in der Damaskusschrift (CD II,14–16): „Ihr Söhne hört auf mich, so will ich eure Augen auftun, um zu sehen und zu verstehen die Werke Gottes und das zu erwählen, woran er Wohlgefallen hat, und zu verwerfen, was er haßt". In den Lobliedern (1 QH XIV,9–11) preist der Knecht den Herrn für die Einsicht, die er erhält, „zu preisen, was du liebst, und zu verabscheuen alles, was du hassest", und schließlich (1 QH XVII,23f.) soll der Diener Gottes „wandeln in allem, was du liebst, und verwerfen alles, was du hassest". Das „Wandeln in seinen Geboten" heißt nichts anderes, als nach den Geboten Gottes leben (vgl. 4,1 u. Lk 1,6). Das ist eine Wendung, die auch in der Damaskusschrift (vgl. CD VII,7; XIV,1; XIX,4) und bei HermSim VI,1,1; VIII,11,4; IX,14,5 vorkommt. In 1 Clem 1,3 u. 3,4 steht dafür ἐν τοῖς νομίμοις (weitere Belege Bauer – Aland, 1388). ἀπέχομαι „sich fernhalten von" wie Apg 15,29 von „Götzenopferfleisch, Blut, Ersticktem und Unzucht", hier von allem Bösen (antike Parallelen bei Bauer – Aland, 170), von Gewinnsucht, Habgier (Liebe zum Geld), Verleumdung und falschem Zeugnis. Das von Paulus gern gebrauchte Wort πλεονεξία gibt in der LXX das hebräische bæṣ'a wieder, was „unrechtmäßigen Gewinn, Raffgier" bedeutet und nie vom ehrlichen Besitzerwerb gebraucht wird. Diese Habgier ist „Unsauberkeit" (Eph 4,19; 5,3) und „Götzendienst" (Kol 3,5; vgl. 2 Pol 11,2). So wird auch die „Unzucht" als Unsauberkeit und Götzendienst bezeichnet, obwohl man nicht mit J. Ch. Trench und E. Klaar[15] annehmen muß, daß πλεονεξία auch die sexuelle Gier bezeichnet, weil sie mit Unzuchtsünden zusammen genannt wird. Habgier und Unzucht sind gleichbedeutend mit der materialistischen Grundeinstellung des Heidentums und damit Götzendienst.[16] Zum Zusammenhang von Habsucht

---

[15] J. Ch. Trench, Synonyma des NT, Tübingen 1907, 51–53; E. Klaar, Πλεονεξία -έχτης -εχτεῖν, ThZ 10, 1954, 395–397.

[16] Vgl. jetzt die ausführliche Darstellung bei Spicq, Notes II, 704–706.

und Geldgier kommen wir noch. Mit der Verleumdung und den vorher genannten Lastern stehen wir inmitten der sogenannten Lasterkataloge (Weish 14,25 f.; Röm 1,29–31; 1 Kor 5,10 f.; 6,9 f.; 2 Kor 12,20; Gal 5,19).[17] Die ψευδομαρτυρία mit dem entsprechenden Verb stammt aus dem Dekalog, näherhin aus der Geschichte vom „reichen Jüngling": „Du sollst kein falsches Zeugnis ablegen" (Mk 10,19; Lk 18,20; Mt 19,18). Mt 15,19 steht das Substantiv ψευδομαρτυρία in einem Sündenregister zusammen mit der Verleumdung. Schließlich findet sich das Substantiv in der Leidensgeschichte (Mt 26,59 f.), da man falsche Zeugen sucht, um Jesus dem Tod ausliefern zu können.[18] Es folgt ein Zitat aus dem ersten Petrusbrief 3,9 mit einer doppelten Erweiterung. „Faustschlag" (γρόνθος) ist ein seltenes Vokabel, findet sich im Papyrus Michigan 229,27 aus dem ersten nachchristlichen Jahrhundert, in Aquilas Übersetzung von Ex 21,18; Ri 3,16 und Jes 58,4 (in der neuesten Ausgabe von J. Ziegler ist statt Aquila vielmehr Symmachus genannt). An der ersten Stelle steht im Hebräischen ḥabûrāh, an der zweiten gomæd als Längenmaß (Spanne, Elle), an der dritten 'ægroph, was „Faust" bedeutet. Jes 58,4: „Ihr fastet zu Zank und Streit und zum Schlagen mit ruchloser Faust". Nach der Damaskusschrift (XI,5–7) soll man nicht einmal gegen das Vieh „seine Hand heben, um es mit der Faust (gomæd) zu schlagen. Wenn es störrisch ist, soll man es nicht aus dem Haus führen". Das entspricht dem Sinn nach dem Wort vom verbotenen Wiedervergelten Mt 5,39; Lk 6,29. Das Verbot, Fluch mit Fluch zu vergelten, entspricht Lk 6,28a. A. Resch[19] hat sehr treffend beobachtet, daß neben dem kanonischen Text von Lk 6,28a eine vorkanonische, auf Paulus und 1 Petr zurückgehende Fassung dieses Spruchteiles in den von ihm angeführten patristischen Texten vorliegt, worin λοιδορεῖν als Übersetzung von qillel auftritt, für welches sonst καταρᾶσθαι steht. Er beruft sich dabei auf Stellen wie 1 Sam 17,43; Ijob 3,1; Koh 7,22; 10,20, wo qillel von Symmachus mit λοιδορεῖν, von den LXX mit καταρᾶσθαι wiedergegeben wird. Die Erweiterung kann also geradezu auf eine Doppelübersetzung zurückgehen.

3 Die Erinnerung an Herrenworte, eine Komposition weisheitlicher Mahnsprüche, soll nach dem Urteil der Interpreten[20] an 1 Clem 13,2 anschließen (vgl. oben die Zusammenstellung § 11). Bei Clemens sind es sieben in der folgenden Reihenfolge: „1) Erbarmt euch, damit ihr Barmherzigkeit findet; 2) Verzeiht, damit euch verziehen werde; 3) Wie ihr tut, so wird an euch getan werden;

---

[17] Siehe A. Vögtle, Die Tugend- und Lasterkataloge im NT, Münster 1936; S. Wibbing, Die Tugend- und Lasterkataloge im NT und ihre Traditionsgeschichte, BZNW 25, Berlin 1959.

[18] Vgl. J. Beutler, Ψευδομαρτυρέω usw., EWNT 3, 1983, 1188–1190.

[19] Resch, Außerkanonische Paralleltexte 1895, 71 f.

[20] Vgl. vor allem Köster, 115–118. Er meint, daß Polykarp die Komposition aus 1 Clem 13,2 entnimmt, sich bei der gedächtnismäßigen Zitation aber der Wortlaut der entsprechenden synoptischen Stellen durchgesetzt habe, der Polykarp ebenfalls im Gedächtnis gewesen sein muß. Dehandschutter, 287 meint, daß nur Polykarps zweite und dritte Weisung aus dem 1. Clemensbrief gewählt worden ist, höchstwahrscheinlich als Gegenstück zu der vorausgehenden impliziten Zitierung von 1 Petr 3,9 und zugleich in guter Übereinstimmung mit dem allgemeinen Thema der δικαιοσύνη.

4) Wie ihr gebt, so wird euch gegeben werden; 5) Wie ihr richtet, so werdet ihr gerichtet werden; 6) Wie ihr euch gütig erweist, so wird euch Güte erwiesen werden; 7) Mit demselben Maß, mit dem ihr meßt, wird euch gemessen werden". Bei Polykarp fehlen drei Sprüche (3.4.6). Die übrigen vier erscheinen in der Reihenfolge: 5.2.1.7. Synoptische Parallelen haben nur Nr. 5: Mt 7,1; vgl. Lk 6,37a; Nr. 7: Lk 6,38c; vgl. Mt 7,2b; Mk 4,24b. Entferntere synoptische Parallelen besitzen Nr. 2: Mk 11,25; Mt 6,14; Nr. 1: Mt 5,7. A. Resch sieht hier eine außerkanonische Spruchreihe bei Clemens und Polykarp, die mit den Parallelen zu Lk 6,37c beginnt: „Die Identität des ἀπολύετε = dimittite (lukanisch-kanonisch) mit dem ἄφετε (außerkanonisch) ergibt sich nicht nur aus der Stellung der Satzglieder, sondern auch daraus, daß im Diatessaron und bei Aphraates die Mahnung zum Vergeben und zur Erbarmung zweimal in parallelen Sätzen ausgedrückt ist, ganz wie bei Polykarp und Clemens von Rom."[21] Die ansehnliche Zahl von patristischen Belegen von Clemens Alexandrinus über Tertullian, Pseudo-Ignatius, die Didaskalie, die Constitutiones, Makarius bis Aphrahat und Ephräm ergeben eine hinlängliche Stütze für seine Annahme.[22] Auch die Weisung: „Erbarmt euch, damit ihr Erbarmen findet", die sich mit 1 Clem 13,2 trifft, in Mt 5,7 „Selig die Barmherzigen, denn sie werden Erbarmen finden" nur zum Teil parallel geht, ist ausdrücklich bei Clemens Alexandrinus und Prochorus' Johannesakten belegt, wie A. Resch dargetan hat.[23] Der Makarismus stammt offenbar aus Lk 6,20b, in welche Textform Mt 5,10a eingeschoben ist, wodurch dann an Stelle „euer" das matthäanische „ihrer" getreten ist. H. Köster[24] hält fest, daß Polykarp das Matthäusevangelium gekannt habe, weil erst Matthäus (5,10) den für ihn typischen, auch in Mt 5,6 eingefügten Begriff δικαιοσύνη als siebten Makarismus eingebracht hat.

(III) 1 „Das schreibe ich euch, Brüder, über die Gerechtigkeit nicht aus eigenem Antrieb, sondern weil ihr mich zuvor angerufen habt. 2 Denn weder ich noch ein anderer meinesgleichen kann an die Weisheit des seligen und glorreichen Paulus[1] heranreichen, der, als er unter euch war, im Angesicht der Menschen von damals genau und gewichtig das Wort von der Wahrheit gelehrt hat, der euch auch, als er abwesend war, Briefe geschrieben hat; wenn ihr euch in sie vertieft, werdet ihr erbaut

---

[21] Resch, Außerkanonische Paralleltexte 1895, 96.

[22] Die Stellen: Clem.Al. Strom. VII,14,86,6 GCS Clem. 3, 62,5; Tert. pud. 2,2 CChr.SL 2, 1284,8; Ps-Ign.Trall. 8,3 Funk – Diekamp, 102; Didasc. II 21,5 = Const.Apost. II,21,5 Funk, Didasc. et Const. Ap. I 1905, 78 f.; A. Vööbus, The Didasc.Ap. in Syriac c.VII CSCO 402, 1979, 80; Makar. hom. 37,2 u. 3 ed. Dörries PTS 4, 1964, 265,28 u. 266,38; Ephr. Expos. Ev. conc. VI,18 Leloir SC 121, 1966, 132 Anm. 3; Aphr. Dem. II,12 PSyr I/1, 74 Anm. 6. Tatians Diatessaron: E. Preuschen – A. Pott, Heidelberg 1926, 92; A.-S. Marmardij, Diat. de Tatien, Beirut 1935, 92 f.

[23] Resch, Außerkanonische Paralleltexte 1893/94, 64. Die Stellen: Clem.Al. Strom. II,18,91,2 GCS Clem 2,161,24 (aus Clem.Rom.!) und Prochorus, Acta Joannis, ed. Th. Zahn, Erlangen 1880, 73.

[24] Köster, 118.

[1] Vgl. 2 Petr 3,15.

werden können hinsichtlich des euch geschenkten Glaubens. 3 Dieser ist die Mutter von uns allen[2], der gefolgt wird von der Hoffnung und dem die Liebe zu Gott und Christus und zum Nächsten vorangeht[3]. Denn wenn jemand in diesen (dreien) steht, hat er das Gesetz der Gerechtigkeit erfüllt[4], denn wer die Liebe hat, ist weit entfernt von jeder Sünde."

1 „Brüder" (ἀδελφοί) werden die Gemeindemitglieder genannt. Schon Mk 3,31–35 nennt Jesus diejenigen Brüder (und Schwestern), die sein Wort hören und den Willen Gottes tun. Die Entwicklung der übertragenen Bedeutung von „Bruder" ging vom „Nächsten" aus und entwickelte sich ebenso wie das hebräische 'āḥ in den Qumrantexten zu „Gemeindemitglied". „Angerufen" (προεπεκαλέσασθε) lesen die Herausgeber seit J.B. Lightfoot für handschriftlich unverständliche griechische Lesarten, während Th. Zahn scharfsinnig, aber schwerlich richtig ein unbezeugtes Verb προεπιλακτίζω „gewaltsam drängen" voraussetzen wollte. προεπικαλέομαι „jemanden anrufen" wurde offenkundig vom lateinischen Übersetzer (provocastis) gelesen. Zum Thema Gerechtigkeit vgl. Einleitung § 7.

2 μακάριος wird 1 Clem 43,1 Moses genannt, 55,4 Judith, 47,1 eben auch Paulus. Bei den griechischen Kirchenvätern ist μακάριος häufig Titel für alttestamentliche Propheten, Anna, Ijob, Abraham, Josef, die drei Jünglinge (vgl. Lampe, 822a), dann natürlich für neutestamentliche Personen wie Maria, Elisabeth, Andreas, Philippus, Stephanus und die anderen Apostel (Lampe, ebd.). Der Völkerapostel hat, als er persönlich in Philippi war, das Wort der Wahrheit gelehrt, und als er abwesend war (anwesend/abwesend vgl. 2 Kor 10,1), hat er Briefe geschrieben. Diese Stelle ist verschieden erklärt worden; vor allem hat man gefragt, ob Polykarp hier außer dem einen kanonischen noch andere Philipperbriefe, oder wenigstens einen, gekannt habe. Ansprechend ist die Vermutung W. Bauers, die sich auch bei M. Dibelius findet,[5] daß Polykarp nämlich Phil 3,1 so aufgefaßt habe, als würde Paulus dort von einer früheren brieflichen Intervention schreiben. Phil 3,1 lautet: „Freut euch Brüder im Herrn! Euch (wieder) dasselbe zu schreiben, habe ich kein Bedenken. Euch aber macht es sicherer". Man hat „dasselbe" auf Phil 2,18 zurückbezogen, wo der Apostel ebenfalls zur Freude mahnt und „dasselbe" eben bezogen auf das „Freuet euch im Herrn". 2,18 wird aber in einer anderen Beziehung als hier zur Freude gemahnt, und zudem paßt das Wort „sicher" (ἀσφαλές) nicht zu einer Ermahnung zur Freude, sondern eher zu einer Warnung vor Gefahr. Also muß man „dasselbe" auf das folgende beziehen. Und da meint man vielfach, daß entweder die mündliche Predigt des Apostels oder andere Briefe (an die Römer, Galater etwa) gemeint sind, bzw. man denkt an einen früheren verlorengegangenen Brief an die Philipper, der ebenfalls eine Warnung vor Irrlehrern enthielt. Die Vermutung liegt ja nahe, daß der Apostel mit einer ihm so teuren Gemeinde,

---

[2] Vgl. Gal 4,26.   [3] Vgl. 1 Kor 13,13.
[4] Vgl. Röm 13,10.   [5] HNT 11, 1925², 67.

die ihm bereits zweimal eine Geldunterstützung hatte zukommen lassen, schon früher in schriftlichen Verkehr getreten sei.[6] Die Frage dürfte sich nicht mit Sicherheit entscheiden lassen. Andere mögliche Deutungen führt Schoedel, 14 f. an.

Wer sich in die Schrift vertieft, auch in die Briefe des Paulus, wird gefördert, gekräftigt, gestärkt. Das zugrundeliegende Bild vom „Erbauen" wird oft unbewußt verwendet, aber nicht in dem gefühlsmäßigen Sinn, der unserer religiösen Sprache seit dem Pietismus eignet (Bauer – Aland, 1132). Vgl. 2 Tim 3,16 f.: „Jede von Gott eingegebene Schrift ist nützlich zur Belehrung, zur Widerlegung, zur Besserung, zur Erziehung in der Gerechtigkeit; so wird der Mensch Gottes zu jedem guten Werk bereit und gerüstet sein." Während bei Paulus stets die Gnade „gegeben" ist (vgl. Röm 12,3.6; 1 Kor 1,4; 2 Kor 8,1; vgl. 2 Tim 1,9), ist es hier der Glaube wie Jud 3, „die den Heiligen ein für allemal anvertraute πίστις" (wofür 2 Petr 2,21 ἐντολή steht). „Glaube ist hier die in sich abgeschlossene und keiner Ergänzung mehr fähige Summe der christlichen Glaubens- und Sittenlehren, die im Schoß der Kirche bewahrt wird."[7]

3 Der Glaube wird personifiziert wie in der Grabschrift des Aberkios (V. 12 ff.): „Überall zog mir die pistis (Glaube) voran und setzte mir vor als Speise an jeglichem Orte den Fisch von der Quelle … und diesen bot sie den Freunden zum Mahle immerdar." Im Martyrium des Justin und seiner Gefährten (4,8) heißt es: „Unser wahrer Vater ist Christus und (unsere) Mutter der Glaube an ihn".[8] Die Dreiheit der göttlichen Tugenden 1 Kor 13,13 erscheint in der Reihenfolge Liebe, Glaube, Hoffnung, wie sie auch Clemens von Alexandrien (Quis div. salv. 3,6 und 29,4) hat.[9] Nach Mt 3,15 hat Jesus alle Gerechtigkeit „erfüllt" im Sinn von „verwirklicht". Für das Handeln der Jünger gebraucht Matthäus etwa „den Willen Gottes tun" oder „die Gebote bewahren". „Erfüllen" behält er Jesus allein vor. „Sicher schwingt die Nuance mit, daß Jesus den Willen Gottes vollständig getan hat."[10] Der Christ erfüllt in der Liebe das Gesetz ganz (Röm 13,8.10; Gal 5,14; 6,2). Eine weitere Parallele ist 1 Petr 4,8: „Habt eine echte Liebe zueinander, denn Liebe deckt eine Menge Sünden (Spr 10,12; Jak 5,20)". Daniel (4,24) gibt den Rat: „Tilge deine Sünden durch Gerechtigkeit und deine Vergehen durch Barmherzigkeit gegen Elende, wenn dein Glück von Dauer sein soll". „Fern von": Schoedel, 15 verweist auf analoge Aussagen Sir 15,18, Brief Jer 72. Umgekehrt spricht Barn 20,2 „von denen, die die Wahrheit hassen, die Lüge lieben, nicht auf Gottesfurcht bedacht sind,

---

[6] Vgl. A. Bisping, Exegetisches Handbuch zu den Briefen des Apostels Paulus II/1, Münster 1857, 191.

[7] J. Michl, Die katholischen Briefe, RNT, Regensburg 1968[2], 77; ebenso W. Schrage, in: H. Balz – W. Schrage, Die katholischen Briefe, NTD 10, Göttingen 1973[11], 222.

[8] Rez. B p. 50,22 Musurillo = Gebhardt 20,18: Ὁ ἀληθινὸς ἡμῶν πατήρ ἐστιν ὁ Χριστός, καὶ μήτηρ ἡ εἰς αὐτὸν πίστις.

[9] GCS Clem. 3, 162,3 und 179,13. Aber Strom. IV,54,1 GCS Clem. 2, 273,6 und Strom. V,13,4 GCS Clem. 2, 334, 27 hat auch Clemens Glaube, Hoffnung und Liebe in der paulinischen Folge.

[10] U. Luz, Das Evangelium nach Matthäus, EKK I/1, Zürich u. a. 1985, 155.

sondern auf das Schlechte, von denen Sanftmut und Geduld weit entfernt sind". Weitere Belege für den übertragenen Gebrauch von μακράν bei Bauer – Aland, 989. Erst die Liebe zu Gott und dem Nächsten ist es, die den Menschen daran hindert zu sündigen; das ist eine vielfache Erkenntnis. In Menanders Monostichen 321 steht: Θεὸν σέβου καὶ πάντα πράξεις εὐθέως. „Ehre Gott und du wirst alles richtig machen", oder wie die andere Lesart κατὰ τρόπον besagt: „Du wirst alles auf die rechte Weise tun". Augustinus wird schreiben: „Dilige, et quodvis fac, liebe und tue was du willst"[11] und am Schluß des Abschnitts: „radix sit intus dilectionis, non potest de ista radice nisi bonum exsistere".

(IV) 1 **„Anfang aller Übel ist die Liebe zum Geld[1]. Im Wissen, daß wir nichts in die Welt hereingebracht haben, aber auch nichts hinauszubringen haben[2], wappnen wir uns doch mit den Waffen der Gerechtigkeit[3] und lehren wir uns selbst zuerst im Gebot des Herrn zu wandeln! 2 Sodann (lehrt) auch eure Frauen in dem ihnen geschenkten Glauben und der Liebe und der Keuschheit (zu wandeln), ihre Männer zu lieben in aller Wahrheit und in gleicher Weise alle zu lieben in aller Enthaltsamkeit und ihre Kinder zu unterrichten in der Lehre der Furcht Gottes! 3 Die Witwen[4] (wollen wir lehren), daß sie nüchtern seien hinsichtlich des Glaubens an den Herrn, ohne Unterlaß für alle eintreten, fern seien von aller Verleumdung, Beschimpfung, falschem Zeugnis, Liebe zum Geld und allem Bösen; (sie sollen) erkennen, daß sie Altar Gottes sind und daß er alles auf Makellosigkeit prüft und daß ihm nichts entgeht, weder an Plänen noch Gedanken noch was sonst im Herzen verborgen ist[5]."**

   1 Auch 1 Tim 6,10 lesen wir: „Die Wurzel (ῥίζα) aller Übel ist die Habsucht (φιλαργυρία)". Das geht vielleicht auf einen Komödiendichter zurück. So schreibt etwa Apollodor von Gela, Dichter der Neuen Komödie: „Der Hauptgrund (κεφάλαιον) aller Übel liegt ganz und gar in der Habsucht (φιλαργυρία)".[6] Aber auch der im 3. Jahrhundert v. Chr. lebende, griechische Popularphilosoph Bion von Borysthenes erklärt, „daß die Habsucht die Mutterstadt (Geburtsort, Heimat, μητρόπολις) jeglicher Schlechtigkeit sei".[7] Der Gedanke geht auf Platon zurück (Gesetze IX, 869e-870a): „Wir wollen nun wieder zuerst über diese Antriebe sprechen und nach Möglichkeit angeben, wie viele es davon gibt. Der stärkste ist die Begierde, die über eine Seele herrscht, die durch Gelüste verwildert ist. Das ist vornehmlich dort der Fall, wo das Verlangen der meisten Menschen gerade am größten und heftigsten zu sein pflegt: die Macht des Geldes meine ich, welche zahllose Begierden nach unersättlichem und unbegrenztem Besitz erzeugt ...".[8] An vielen Stellen der antiken Literatur wird der

---

[11] Tract. in 1 Joh 7,8 PL 35, 2033 = SC 75, 328.
[1] 1 Tim 6,10.   [2] 1 Tim 6,7.   [3] Vgl. 2 Kor 6,7.
[4] Vgl. 1 Tim 5,5.   [5] Vgl. 1 Kor 14,25.
[6] Bei Stobaios Anthol. III,16,12 (Hense p. 482,15). Über ihn vgl. W. Kraus, KP 1, 1964, 438.
[7] Bei Stobaios Anthol. III,10,37 (Hense p. 417,5). Vgl. über ihn G. Schmidt, KP 1, 1964, 904f.
[8] Übersetzung von K. Schöpsdau u. H. Müller, Darmstadt 1977.

gleiche Gedanke ausgedrückt. Stellensammlungen dazu finden sich in den Kommentaren zu 1 Tim 6,10.[9] Ich zitiere lediglich noch Pseudo-Phocylides: „Die Geldliebe (φιλοχρημοσύνη) ist die Mutter aller Schlechtigkeit".[10] Es sei auch noch verwiesen auf Philo (spec. leg. IV,65): „Geldgierig zu sein gibt zu den schlimmsten Ungesetzlichkeiten anstoß (ὁρμητήριον τῶν μεγίστων παρανομάτων)", und vit. Mos. II,186 nennt er „die tückische Habsucht die Quelle des unglücklichen Lebens (τοῦ κακοδαιμονεῖν πηγὴν πλεονεξίαν)." Gerade auch im jüdischen Bereich finden wir vielfach die Habgier in Lasterkatalogen, etwa in der Gemeinderegel von Qumran: „Zum Geist des Frevels gehören Habgier und Trägheit der Hände im Dienst der Gerechtigkeit, Bosheit und Lüge, Stolz und Hochmut des Herzens usw." (1 QS IV,9). Die Frevler „zeigten sich tüchtig in bezug auf Besitz und Gewinn (leḥôn ûleḇæṣʿa)[11] und taten jeder, was in seinen Augen recht war" (CD VIII,7). Am Sabbat wird u. a. auch verboten: „Nicht soll man über eine Angelegenheit von Besitz und Gewinn richten" (CD X,18). Dieser Streitpunkt muß also selbst in der Qumrangemeinde häufig vorgekommen sein. So heißt es noch einmal: „Niemand darf den Sabbat entweihen wegen Besitz oder Gewinn am Sabbat" (CD XI,15) und: „Man soll nicht seine Hand ausstrecken, um Blut eines Mannes von den Heiden zu vergießen um Besitzes oder Gewinnes willen" (CD XII,6f.). Der Beter in den Lobliedern weiß, daß seine Stütze nicht „auf Gewinn und auf Besitz" ruht (1 QH X,23; vgl. 29f.). Im Habakuk-Midrasch über den Vers: „Denn viele Völker hast du geplündert, darum werden dich plündern alle übrigen Nationen" (Hab 2,8), „geht seine (des Lehrers) Deutung auf die letzten Priester Jerusalems, die Reichtum und Gewinn zusammenraffen von der Beute der Völker" (1 QpHab IX,3–5). Habsucht mag gerade auch ein klerikales Übel gewesen sein. Man erinnere sich an Lukians Peregrinus, der ja als ein Lehrer oder Priester einer christlichen Gemeinde gezeichnet wird; diesem kamen „aus dem Grunde seiner Haft viele Gelder von ihnen zu und er verschaffte sich daraus kein geringes Einkommen".[12] Die Hilfsbereitschaft der Christen in ihrer Brüderlichkeit untereinander kann dazu führen, daß sie ausgenutzt werden: „Sie verachten also alles gleichermaßen und halten es für Gemeingut. Falls nun ein geschickter Gauner, der die Verhältnisse auszunützen imstande ist, zu ihnen kommt, wird er in kurzem sehr reich und

---

[9] Vgl. vor allem Wettstein II,349f. und Spicq, Notes II, 928f. – Zur Sache s. R. Bogaert, Geld, RAC 9, 1976, 797–907 u. K. S. Frank, Habsucht, RAC 13, 1986, 226–247.

[10] V. 42: P. W. van der Horst, The Sentences of Pseudo-Phocylides, Leiden 1978, 142–146 gibt auch noch eine große Anzahl von Parallelen an.

[11] Der stehende Ausdruck kommt der ntl. πλεονεξία nahe, was da stets an Stelle von φιλαργυρία gebraucht wird (ausgenommen 1 Tim 6,10). Targum Onqelos (Gen 37,26; Ex 18,21) gibt das hebr. bæṣʿa durch aram. māmôn wieder (vgl. Lk 16,9–13).

[12] Lukian, Der Tod des Peregrinus 13, Übersetzung K. Mras, Die Hauptwerke des Lukian, München 1954, 479 (vgl. in der Einleitung § 7 Anm. 54). – Schon bei Sophokles (Antigone 1055) steht der von G. J. M. Bartelink (Griekse citaten en gezegden, Utrecht 1993, 186) mit Recht für sprichwörtlich gehaltene Vers: „Der Seher ganze Zunft am Gelde hängt".

lacht den naiven Leuten ins Gesicht" (ebd.). Jedenfalls wird hier die spätere Diskussion über Valens vorbereitet.

Der folgende Satz berührt sich nun noch enger mit 1 Tim 6,7, wobei die „Übereinstimmung auch im griechischen Wortlaut fast vollständig ist. Indes vermag man auch in diesem Fall, der das eklatanteste Beispiel darstellt, durch nichts zu beweisen, daß Polykarp aus 1 Tim zitiert und daß nicht beide Autoren dieselben umlaufenden Redensarten gebrauchen. Diese zweite Möglichkeit hat zumindest die gleiche Wahrscheinlichkeit für sich".[13] Es läßt sich Ijob 1,21 vergleichen: „Nackt ging ich hervor aus der Erde Schoß und nackt kehre ich dorthin zurück".[14] Philo (spec. leg. I,294f.) knüpft an die Ijobstelle an: „Du (Mensch), der du nichts, nicht einmal dich selbst in die Welt hineingebracht hast. Denn nackt, mein Guter, bist du gekommen, und nackt gehst du wieder fort." Und der alexandrinische Grammatiker Palladas (zwischen 355 u. 430) bringt das in Verse (Anth. gr. X,58): „Nackt einst kam ich zur Welt, und nackt einst fahr ich zur Grube". Aber auch im Außerbiblischen spricht man immer wieder ähnlich. Seneca (ep. 102,25): „Nackt kommen wir auf die Welt, nackt verlassen wir sie wieder. Man darf nicht mehr mitnehmen, als man gebracht hat". Und Lukian (Charon 20): „Nichts von dem, was hierzulande heilig gehalten wird, hat Dauer, und keiner kann etwas davon mitnehmen, wenn er stirbt, sondern zwingendes Gesetz ist es, daß der Mensch nackt davongeht, Haus und Acker und Geld jedoch immer wieder angehören und ihren Herrn wechseln".[15] Pseudo-Phocylides sagt das gleiche: „Unmöglich ist's in den Hades Geld und Reichtum mitzunehmen".[16]

Die Wendung „sich mit den Waffen der Gerechtigkeit bewaffnen" ist ein Bild der Bereitschaft. Im Neuen Testament wird es stets in eschatologischem Kontext verwendet (Röm 13,12; 1 Thess 5,8; Eph 6,11). Polykarp aber gebraucht den Ausdruck des Sich-Waffnens mit den Waffen der Gerechtigkeit im Zusammenhang mit der Geldgier und setzt ihn in Parallele zur Mahnung „im Gebot des Herrn zu wandeln". Wieder, wie 2,1, wird „ein ursprünglich eschatologisches Bild für eine rein ethische Ermahnung gebraucht".[17]

2 Dieser Abschnitt zeigt wieder ganz starke Abhängigkeit von 1 Clem (vgl. oben § 11 unsere Tabelle). ἁγνεία (Bauer – Aland, 18) ist Keuschheit[18] (vgl. die ähnliche Aufzählung 1 Tim 4,12, weiters 5,2). Der Christ ist nach Tertullian (Apol. 46,11) „animo adversus libidinem caecus". 1 Kor 7,1–7 umreißt Paulus

---

[13] Brox, Die Pastoralbriefe, 27; vgl. 211.

[14] Vgl. F. Wutz, Das Buch Job, Stuttgart 1939, 19, der sich für diese Übersetzung auf Sir 51,5 beruft und die Vorstellung in Ps 139,15 vergleicht: „als meine Gestalt noch in den Tiefen der Erde war".

[15] Übersetzung A. von Schirnding, München 1977.

[16] Stellensammlung bei Wettstein II, 348f. und daraus schon M. Dibelius, Handbuch III/2, 1913, 177. Vgl. dazu noch J. Roloff, Der erste Brief an Timotheus, EKK XV, Zürich u. a. 1988, 335f.

[17] Bovon-Thurneysen, 255.

[18] In welchem Sinn Keuschheit verstanden wird, zeigt etwa Sent. Sext. 108ab: „Viel Nahrung ist der Keuschheit abträglich. Unmäßigkeit im Essen macht unrein" (Übers. J. Kroll, NTApo 1924², 633).

sein Ideal. Die altkirchlichen Autoren äußern sich immer wieder im Sinn der Beherrschung des Geschlechtstriebes.[19] „Die Frauen sollen ihre Männer lieben": στέργειν geht auf stetige innerliche Neigung, auf die Liebe zu Eltern, Kindern, zur treuen Gattin, zum Vaterland, während das folgende ἀγαπᾶν „lieben und schätzen" meint, mehr aus richtiger Abwägung des Verstandes erfolgend.[20] „In aller Wahrheit": ἀλήθεια (Bauer – Aland, 69f.) ist hier, analog dem hebräischen 'æmæt, die Wahrhaftigkeit, die Aufrichtigkeit und Zuverlässigkeit in Gesinnung und Wandel. „In gleicher Weise": Nach Aristoteles (Pol. II,2,6) sind die Menschen alle von Natur aus gleich, daher muß eine gewisse Gleichheit aller im Gemeinschaftsleben aufrecht erhalten werden (Thuk. II,65,10), denn die Gleichheit bewahrt die Einigkeit und diese die Welt, die alles hervorbringt (PsArist. mund. 5; 397a3).[21] Die Enthaltsamkeit (ἐγκράτεια) gehört zu den wesentlichen frühchristlichen Verhaltensweisen.[22] Hauptthemen der Verkündigung sind Gerechtigkeit, Enthaltsamkeit und kommendes Gericht, wie Paulus vor Felix nach Lukas zusammenfaßt (Apg 24,25), und wie es die apokryphen Apostelakten mehrfach wiederholen (Acta Pauli et Theclae 5; Actus Petri cum Simone 2 und Acta Joh 84).[23] Als bedeutsam wird noch die Erziehung der Kinder in der „Lehre (παιδεία) der Furcht Gottes" genannt. So sagt schon Jesus Sirach (1,27; vgl. Spr 15,33): „Weisheit und Bildung (παιδεία) ist Furcht des Herrn". Immer wieder wird diese Erziehungsaufgabe in den biblischen Weisheitssprüchen angemahnt (Spr 19,18; 29,17; Sir 7,23; 30,2.13). Die Kindererziehung in religiösem Sinn wird besonders den Frauen anempfohlen, so wie 1 Tim 2,15 das Heil der Frau nicht nur davon abhängt, daß sie Kinder zur Welt bringt, sondern daß diese auch in Glaube und Liebe und Heiligung mit Besonnenheit verharren (vgl. 1 Tim 5,10). Möglicherweise knüpft Polykarp an diese Stellen aus dem ersten Timotheusbrief an.

3 Nach den verheirateten Frauen werden die Witwen genannt. Schoedel, 18 hat sicher recht, wenn er meint, daß hier nicht der Witwenstand als Institution der im Gemeindedienst stehenden Witwen gemeint ist.[24] Daß die Witwen in bezug auf den Glauben an den Herrn zur „Nüchternheit" angehalten werden sollen, ist wohl in dem Sinn zu verstehen, wie σωφροσύνη und μανία schon bei Xenophon[25] gegenübergestellt werden, insofern Sokrates hinsichtlich der Götter nüchterner Anschauung ist (so auch W.R. Schoedel). Die gleiche Gegen-

---

[19] G. Delling, Geschlechtstrieb, RAC 10, 1978, 803–812; W.A. Krenkel, Der Sexualtrieb. Seine Bewertung in Griechenland und Rom, WZ(R).GS 27, 1978, 165–180.

[20] Vgl. J.H.H. Schmidt, Synonymik der griechischen Sprache III, Leipzig 1879, 488.

[21] Vgl. Spicq, Notes III, 351–360, wörtlich 353.

[22] Siehe H. Chadwick, Enkrateia, RAC 5, 1962, 343–365.

[23] Zuerst von E. Preuschen, Die Apostelgeschichte, HNT 4/1, Tübingen 1912, 140 zitiert. Siehe noch Y. Tissot, Encratisme et Actes apocryphes, in: F. Bovon, Les Actes apocryphes des Apôtres, Genf 1981, 109–119.

[24] Siehe H. Kraft, Witwe, EWNT 3, 1983, 1116–1118.

[25] Xen. Mem. I,1,16 u. 20 (vgl. TLG VIII,1752). Zum Begriff s. H.J. Sieben, Voces. Eine Bibliographie zu Wörtern und Begriffen aus der Patristik (1918 bis 1978), Berlin – New York 1980, 193.

überstellung begegnet Apg 26,24 f. Festus zu Paulus: „Du bist von Sinnen (μαίνῃ), die große Gelehrsamkeit bringt dich um den Verstand (εἰς μανίαν)". Dem hält Paulus entgegen: „Ich bin nicht von Sinnen, sondern spreche Worte der Wahrheit und Besonnenheit (σωφροσύνη) aus". Auch bei den exstatischen Reden der Glossolalie können Uneingeweihte an μανία denken (1 Kor 14,23). Zungenredner wirken auf Außenstehende wie Betrunkene (Apg 2,13). Mag sein, daß Polykarp religiösen Schwärmereien mancher älterer Frauen entgegentreten wollte. Man denke an die spätere Animosität bzw. Zurückdrängung weiblicher Prophetie.

Sie sollen weiter „für alle eintreten" (ἐντυγχάνειν), was zunächst „sich an jemanden wenden, angehen" bedeutet, in bezug auf Gott, der angerufen wird, die Fürbitte meint (Bauer – Aland, 545). Der Christ vermag durch seine Fürbitte den sündigen Bruder zu retten und zur vollen Lebensgemeinschaft mit Christus zurückzuführen (1 Joh 5,16). Nach Mt 5,44 sollen die Christen auch für ihre Verfolger Fürbitte einlegen, wie es Stephanus getan hat (Apg 7,60). In diesem Sinn ist offenbar auch das „für alle" gemeint.[26] Fernhalten sollen sie sich von verschiedenen, zum Teil schon genannten Lastern und dabei daran denken, daß sie „Altar Gottes" sind. „Makellosigkeit" geht zunächst als Terminus der Opfersprache auf die Tadellosigkeit, kultische Reinheit des darzubringenden Opfers. Im Zusammenhang mit dem Altar heißt das im Bild, daß die Witwen heilig und kultisch rein sein müssen wie der wirkliche Altar im Kult.[27] Ein Nachhall könnte sich bei Methodius vom Olymp finden, der in seinem 5. Symposion die „Versammlung der Reinen" als einen „unblutigen Altar Gottes" bezeichnet[28] und unmittelbar danach betont, daß „die Witwen Gottes beseelter Altar" sind.[29] Auch in den Const.Apost. (II,26,8 Funk 105,26) werden Witwen und Waisen εἰς τύπον τοῦ θυσιαστηρίου angesehen, weil sie (so Funk) von den Gaben leben, die die Gläubigen beim Altar deponieren. Gott kennt die verborgenen Dinge des Herzens.[30] Aus dem Herzen kommen die schlechten Gedanken (Mt 12,34; Lk 6,45; Mk 7,21; Mt 15,19). Glaube oder Zweifel sind im Herzen (Mk 11,23; Lk 24,38; Apg 8,37; Hebr 3,12) sowie Verstockung (Röm 1,21; 2 Kor 3,14 f.; Mt 13,15; Joh 12,40). Daß Gott auch die verborgenen Dinge alle kennt, betont Daniel (13,42) und der Hebräerbrief (4,12 f.): „Das Wort Gottes richtet über die Prägungen und Gedanken des Herzens; vor ihm bleibt kein Geschöpf verborgen, sondern alles liegt nackt und bloß vor den Augen dessen, dem wir Rechenschaft schulden" (vgl. Hen 9,5) und der Nieren und Herzen prüft (Jer 17,10; Spr 15,11; 28,27).

---

[26] Vgl. H. Zimmermann, Fürbitte, BThW 1967³, 444–450.

[27] F.J. Dölger, Die Heiligkeit des Altars und ihre Begründung im christlichen Altertum, in: Antike und Christentum 2, 1930, 161–183. Zur Bildersprache siehe Lampe, 660b.

[28] V,6,125 GCS Meth. 61,4 = SC 95,158,24f.

[29] V,8,130 GCS Meth. 62,21 = SC 95,160,8.

[30] Siehe J.B. Bauer, Herz, RAC 14, 1988, 1093–1131, bes. 1104.

(V) 1 „Im Wissen also, daß Gott seiner nicht spotten läßt[1], müssen wir wandeln, seinem Gebot und seiner Majestät entsprechen. 2 In gleicher Weise müssen die Diakone untadelig sein angesichts seiner Gerechtigkeit wie Diener Gottes und nicht der Menschen; nicht Verleumder, nicht doppelzüngig, nicht geldliebend, (sondern) enthaltsam in jeder Hinsicht, mitfühlend, engagiert, wandelnd gemäß der Wahrheit des Herrn, der der Diener aller[2] geworden ist; wenn wir ihm gefallen in dieser Weltzeit jetzt, werden wir auch die zukünftige gewinnen, wie er uns versprochen hat, uns von den Toten aufzuerwecken und daß, wenn wir seiner würdig leben, wir auch mit ihm zusammen herrschen[3] werden, wenn wir nur glauben. 3 Ebenso sollen die jungen Männer in jeder Hinsicht untadelig sein, vor allem auf Keuschheit bedacht und sich von allem Bösen zurückhaltend. Denn es ist gut, sich von den Begierden in dieser Welt zurückzuhalten, weil jede Begierde gegen den Geist streitet[4] und weder Unzüchtige noch Lustknaben noch Knabenschänder das Reich Gottes erben werden[5], noch solche, die perverse Dinge tun. Deshalb muß man sich von all dem enthalten, sich den Presbytern und Diakonen wie Gott und Christus unterwerfen; die Jungfrauen müssen ihr Leben führen in ihrem Gewissen untadelig und keusch."

1 Mit „im Wissen, daß" zitiert Polykarp Gal 6,7. μυϰτηρίζειν kommt im griechischen Alten Testament vor (1 Kön 18,27; Spr 15,5.20; 1 Makk 7,34 u. a.) und bedeutet eigentlich „die Nase rümpfen", transitiv „mit aufgezogener Nase verhöhnen" (subsannare), ist etwa gleichbedeutend mit χλευάζειν (beide Verba parallel: 1 Clem 39,1). Die altlateinische Übersetzung hat: „Deus non deridetur",[6] „mit Gott wird nicht Spott getrieben". Gerade weil Gott allwissend ist, wie es vorher heißt, kann man ihn nicht täuschen (so Hieronymus zur Stelle[7]), nicht narren. Die Grimasse des μυϰτηρίζειν im entsprechenden Zusammenhang findet sich Ps 10,4: „Jahwe lästert der Frevler hochnäsig: ‚Er ahndet's nicht, es gibt keinen Gott'!"[8]

2 Die moralische Qualität der Diakone darf nicht geringer sein, sie sind in erster Linie Diener Gottes und nicht der Menschen, d.h. stehen im Dienst Gottes für die Menschen und nicht im Dienst der Menschen. Unter den herkömmlichen Voraussetzungen dafür wird wieder der Ausschluß der Geldliebe eigens genannt. „Wandelnd gemäß der Wahrheit des Herrn" heißt, in der Treue zum Herrn, der getreu dem Willen des Vaters stets gehandelt hat.

3 Polykarp wendet sich der Jugend zu. Zuerst der männlichen, die vor allem unter Zitierung der bekannten paulinischen Mahnung vor einem ausschweifenden Leben gewarnt wird. Zweimal wird die Begierde[9] genannt. Im jüdisch-

---

[1] Gal 6,7.   [2] Vgl. Mk 9,35.   [3] Vgl. 2 Tim 2,12.

[4] Vgl. 1 Petr 2,11.   [5] 1 Kor 6,9f.

[6] Vgl. Tert. Marc. IV,4,14 CChr.SL 1, 675; Cypr. Laps. 28 CChr.SL 3, 237; Mar. Victor. Gal. 6,7 CSEL 83/2, 167. – Aug. Expos. Gal. 61 CSEL 84/1, 136 hat: deus non subsannatur.

[7] Hier. Comm. Gal. 6,7 PL 26 (1884) 459B: Nolite errare, Deus non irridetur. Scit, inquit, corda vestra ... Excusatio verisimilis hominem potest utcumque placare, Deum non potest fallere.

[8] Übersetzung F. Nötscher 1947. B. Bonkamp, Die Psalmen, Freiburg i. Br. 1949, 76: „kᵉgobah appaiw, nach der Höhe, wie er die Nase trägt".

[9] P. Wilpert, Begierde, RAC 2, 1954, 62–78.

christlichen Bereich wird die ἐπιθυμία vielfach in der Bedeutung auf das böse Verlangen verengt. Im Leben Adams 19 ist sie „das Haupt jeglicher Sünde". Von den „Begierden dieser Welt" wird geredet wie bei HermSim VI,2,3; 3,3; VII,2; VIII,11,3. Den Widerstreit der Begierde gegen den Geist schildert Paulus Röm 7,14–25.

Dem folgenden liegt der Abschnitt 1 Kor 6,9f. zugrunde.[10] Das „sich vom Bösen zurückhalten" wird in der Hauptsache eingeschränkt auf die Vermeidung von sexuellen Sünden, daher auch die kleinere Auswahl aus dem paulinischen Katalog. Zunächst werden die πόρνοι genannt. Das sind Männer, die im weitesten Sinn Unzucht treiben, aber doch mit Frauen. Dann werden die angeführt, die sich gleichgeschlechtlichen Praktiken hingeben, das sind einerseits die μαλακοί „Weichlinge", Lustknaben oder Strichjungen, lateinisch auch „cinaedi" und „effeminati" genannt[11], und andererseits ἀρσενοκοῖται, Männer, die mit Männern schlafen, nicht nur Päderasten. Damit sind sowohl diejenigen, die den passiven, wie diejenigen, die den aktiven Part beim homosexuellen Verkehr übernehmen, erfaßt. Als letztes werden noch diejenigen genannt, die „perverse Dinge" tun. ἄτοπα heißt nicht einfach, wofür die biblischen Belege angeführt werden (Ijob 27,6; 34,12; Spr 24,55 = 30,20; 2 Makk 14,23; Lk 23,41), „Unrecht" (W. Bauer) oder „Unstatthaftes" (H. Paulsen, H. U. von Balthasar) oder „iniquitous things" (K. Lake) oder „what is improper" (W. R. Schoedel) oder „que obran desatinadamente" (J. J. A. Calvo), sondern „perverse Dinge", wie schon J. B. Lightfoot (331: „perverse things") gesehen hat. Das ist die in diesem Zusammenhang einzig mögliche Bedeutung, und sie wird auch durch das Vokabular der hellenistischen Liebesromane bestätigt.[12] Was die perversen Praktiken betrifft, so gibt etwa Artemidor in seinem Traumbuch[13] ein anschauliches Bild, wenn er Geträumtes deutet und dazu eine einigermaßen umfassende, gedrängte Schilderung der verschiedenen Arten des Geschlechtsverkehrs gibt, wobei er nach eigenen Worten „zuerst denjenigen bespricht, der im Einklang mit Naturgesetz und Sitte steht, dann den gesetzwidrigen und schließlich den widernatürlichen" (I,78–80).[14] Daß gerade die jungen Männer angeredet werden, mag damit zusammenhängen, daß man ihnen allgemein sexuelle Freizügigkeit eher zugestand als alten. Cicero sagt (Pro Caelio 48), es müsse einer ein rechter Mucker sein, wenn er jungen Leuten Dirnenliebschaften verbieten wollte. Auffällt, daß neben den Presbytern und Diakonen, denen man sich wie Gott und

---

[10] Ausführlich dazu W. Schrage, Der erste Brief an die Korinther, EKK VII/1, Zürich u. a. 1991, 425–436.

[11] H. Herter, Effeminatus, RAC 4, 1959, 620–650; W. A. Krenkel, Pueri meritorii, WZ(R).GS 28, 1979, 179–189; ders., Männliche Prostitution in der Antike, Altertum 24, 1978, 49–55; K. Hoheisel, Homosexualität, RAC 16, 1994, 289–364, bes. 339–341.

[12] F. Conca, Lessico dei Romanzieri greci I, 119: „azioni dishoneste"; siehe Heliodor I,9,4; VII,19,8; 26,7.

[13] Moderne Übersetzung von K. Brackertz, München 1979.

[14] Vgl. Th. Hopfner, Das Sexualleben der Griechen und Römer von den Anfängen bis ins 6. Jh. n. Chr., Prag 1938; H. Herter, Genitalien, RAC 10, 1978, 1–52; G. Delling, Geschlechtsverkehr, RAC 10, 1978, 812–829.

Christus unterwerfen soll, der Bischof fehlt (vgl. die Bemerkungen zum Prä-skript). Besonders auffällig ist dies deshalb, weil sich im Gegensatz dazu bei Ignatius häufig wiederholte Aufforderungen finden, dem Bischof untertan zu sein (Eph 2,2; 6,1; 20,2; Magn 2; 6,2; 13,2; Trall 2,1 f.; 13,2) und ja nichts ohne den Bischof zu tun (Magn 7,1; Phld 7,2; Smyrn 8,1; Trall 2,2; 7,2). Der Mädchen wird nur kurz gedacht mit einer Erinnerung an 1 Clem 1,3.

(VI) 1 „Und die Presbyter sollen voll Mitgefühl sein, barmherzig allen gegenüber, die verirrten (Schafe) zur Umkehr bewegen[1], auf alle Kranken und Schwachen schauen, Witwen, Waisen und Arme nicht im Stich lassen, sondern stets auf das Gute bedacht sein vor Gott und den Menschen[2], sich enthalten von jeglichem Zorn, Parteilichkeit, ungerechtem Gericht, weit weg sein von jeder Geldliebe, nicht schnell zu Ungunsten jemandes etwas glauben, nicht streng im Gericht eingedenk dessen, daß wir alle der Sünde schuldig sind. 2 Wenn wir also den Herrn bitten, daß er uns vergebe, müssen auch wir vergeben[3], denn wir stehen vor den Augen des Herrn und Gottes; und alle müssen vor dem Richterstuhl Christi stehen[4] und jeder muß für sich Rechenschaft geben[5]. 3 So also sollen wir ihm dienen mit Furcht[6] und aller Ehrerbietung, wie er es befohlen hat und die, die uns das Evangelium verkündet haben, die Apostel, und die Propheten, die das Kommen unseres Herrn vorherverkündet haben[7]; Eiferer für das Gute[8], sich zurückhaltend von Ärgernissen und den falschen Brüdern und denen, die heuchlerisch den Namen des Herrn tragen und so unvernünftige Menschen in die Irre führen."

1 Die Priester sollen „voll Mitgefühl" (εὔσπλαγχνοι) sein und damit die göttliche Haltung der εὐσπλαγχνία ausprägen, wie es 1 Clem 14,3 heißt: „Laßt uns gütig gegeneinander sein entsprechend der Barmherzigkeit (εὐσπλαγχνία) und Milde unseres Schöpfers". In den Thomasakten A 10 wird Christus ange-redet als der Sohn der εὐσπλαγχνία[9] und in den Philippusakten 63 liest man, daß er „uns durch seine eigene εὐσπλαγχνία retten wollte".[10] Barmherzigkeit ist eine von den frühen Christen viel geübte Tugend. Nach Tertullian (Apol. 42,8) gibt die Barmherzigkeit der Christen auf der Straße mehr Geld aus als die Religion der Heiden im Tempel (plus nostra misericordia insumit vicatim quam vestra religio templatim).[11] Dann schwebt dem Autor das Gleichnis vom Hirten und von der Herde (Ez 34,1–10) vor, mit dem die Fürsten Israels als schlechte Hirten gescholten werden, die unter anderem das verirrte Schaf nicht zurückge-führt haben (τὸ πλανώμενον οὐκ ἐπεστρέψατε). Der neutrale Plural im Text Polykarps kommt auch daher, daß τὰ πρόβατα „die Schafe" gemeint sind.

---

[1] Vgl. Ez 34,4.
[2] Vgl. Spr 3,4; Röm 12,17; 2 Kor 8,21.
[3] Vgl. Mt 6,12.14 f.
[4] Vgl. Röm 14,10; 2 Kor 5,10.
[5] Vgl. Röm 14,12.
[6] Vgl. Ps 2,11; Hebr 12,28.
[7] Vgl. Apg 7,52.
[8] Vgl. 1 Petr 3,13.
[9] NTApo 2, 307.
[10] Bonnet, Acta Apostolorum Apocrypha II/2, 26,13.
[11] W. Schwer, Barmherzigkeit, RAC 1, 1950, 1200–1207.

ἀσθενεῖς haben wir mit „Kranke und Schwache" übersetzt, beides bedeutet das Wort (Bauer – Aland, 231 f.), namentlich auch die Glaubensschwachen (Röm 9,6; 1 Kor 8,7.9 f.; 9,22). Letztere werden in unmittelbarem Zusammenhang nach den Verirrten auch gemeint sein. Die Sorge um Witwen und Waisen ist im Alten Testament, im Frühjudentum und im frühen Christentum ein stehendes Anliegen, ebenso wie die Fürsorge für die Armen.[12] Im Gemeindegebet 1 Clem 59,4, in den Fürbitten der östlichen Liturgien, werden die Armen wie die Waisen und Witwen immer wieder erwähnt. „Stets bedacht auf das Gute vor Gott und den Menschen" zitiert 2 Kor 8,21, wo selbst ein Bezug auf den Septuagintatext von Spr 3,4 vorliegt. Polykarp trifft sich allerdings mit Lesarten, die in den kritischen NT-Ausgaben im Apparat stehen, und bezeugt schon früh die Harmonistik.[13] προνοοῦντες bestätigt προνοούμενοι aus Röm 12,17, ebenso θεοῦ statt κυρίου mit Papyrus 46 u.a.; vgl. Lk 2,52; Röm 14,18. Parteilichkeit (προσωπολημψία, Bauer – Aland, 1443) kennt Gott nicht (Röm 2,11; Eph 6,9; Kol 3,25). Der Jakobusbrief (2,1) befiehlt, den Glauben freizuhalten von jeglicher Parteilichkeit, jedem Ansehen der Person. Wieder wird die Geldliebe erwähnt und daneben, daß die Presbyter „nicht schnell zu Ungunsten jemandes etwas glauben" sollen. Das trifft sich mit der analogen Mahnung 1 Tim 5,19, die den Adressaten vor vorschnellem und unüberlegtem Eingreifen gegenüber einem Ältesten abhalten will.[14] W.R. Schoedel (21) vermutet mit Recht, daß Polykarp hier schon in etwa die spätere Diskussion über den Presbyter Valens antizipiert. ἀπότομος im Sinn von „streng" begegnet häufig im Buch der Weisheit (5,20; 6,5; 11,10; 12,9; 18,5), ἀποτονία als „Strenge" auch in den Papyri.[15] Das Wort figuriert auch in ähnlichen Anweisungen in den Const. Apost. (II,21,1). „Daß wir alle der Sünde schuldig sind" wird wohl auf Mt 6,12 zurückgehen (so W.R. Schoedel). Man muß zur Ausdrucksweise ὀφειλέται ἁμαρτίας Lk 13,2 und 4 vergleichen, wo den zuerst genannten ἁμαρτωλοί dann gleicherweise ὀφειλέται entsprechen.

2/3 2 Pol 6,2 greift die Vergebungsbitte aus dem Vaterunser Mt 6,12 (vgl. 6,14 f. und 18,35) auf, hält sich aber an die präsentische Lesart und nicht an die von den modernen kritischen Ausgaben mit Recht vorgezogene aoristische Form ἀφήκαμεν. Die Folge kombiniert Röm 14,10 u. 12 mit 2 Kor 5,10; 6,3. „Ehrerbietung" (εὐλάβεια, Bauer – Aland, 651) bedeutet die ehrerbietige Scheu gegenüber der Gottheit, die Gottesfurcht. Aufgenommen ist Hebr 12,28, bemerkenswert dabei, daß statt der üblichen Formel „mit Furcht und Zittern" (τρόμος, vgl. 2 Kor 7,15; Eph 6,5; Phil 2,12; vgl. 1 Kor 2,3; 1 Clem 12,5) letzteres durch einen milderen Ausdruck ersetzt ist. Wenn neben den Evangelisten und Aposteln die Propheten genannt werden, die das Kommen des Herrn

---

[12] Ders., Armenpflege, RAC 1, 1950, 689–698; A. Hamman – St. Richter, Arm und reich in der Urkirche, Paderborn 1964.

[13] E. v. Dobschütz, Eberhardt Nestle's Einführung in das griechische NT, Göttingen 1923[4], 29; K. Aland – B. Aland, Der Text des Neuen Testaments, Stuttgart 1982, 292.

[14] Vgl. J. Roloff, Der erste Brief an Timotheus, EKK XV, Zürich u.a. 1988, 310.

[15] Preisigke, Wörterbuch I, 198.

vorherverkündet haben, so ist damit an Ps 2,11 gedacht, der ja David zugeschrieben wurde und der in der alten Kirche auch als Prophet bezeichnet wird. „Eiferer" (ζηλωτής) kann man sein im Dienst des Gesetzes (Apg 21,20), der Überlieferungen der Väter (Gal 1,14), vor allem aber guter Werke (Tit 2,14) oder einfach τοῦ ἀγαθοῦ, „des Guten" (1 Petr 3,13), was dem περὶ τὸ καλόν entspricht. „Ärgernis" kann für die Ungläubigen das Kreuz und der Gekreuzigte sein (vgl. 1 Kor 1,23; IgnEph 18,1), aber auch für den Gläubigen Verführung zu Abfall und Sünde (Mt 18,7; Lk 17,1; Röm 14,13; 16,17; Offb 2,14). Vergleicht man Mt 16,23, wo der Herr zu Petrus sagt: „Weg von mir du Satan, du bist mir ein σκάνδαλον", dann könnte man fast (so Bauer – Aland, 1505) auch an unserer Stelle an Leute denken, die andere zur Sünde reizen. Die Pseudobrüder sind solche, die vorgeben, Christen zu sein, ohne es wirklich zu sein (vgl. 2 Kor 11,26; Gal 2,4). Also in etwa dasselbe, was der folgende Ausdruck meint von denen, die heuchlerisch den Namen des Herrn tragen, so wie IgnEph 7,1 schreibt: „Es pflegen gewisse Leute mit bösem Trug den Namen (wie 3,1 wohl Christi) umherzutragen, während sie andere Dinge tun, die Gottes unwürdig sind. Diesen müßt ihr wie wilden Tieren ausweichen". Gerade diese sind es ja (οἵτινες), die die unvernünftigen (leeren) Menschen (vgl. Jak 2,20) verführen. Unwahrhaftigkeit, Heuchelei ist ein Standardmotiv frühchristlicher und altkirchlicher Ketzerpolemik.[16] Ähnlich 1 Tim 4,1f.: „In den letzten Zeiten werden manche vom Glauben abfallen und sich betrügerischen Geistern und Lehren von Dämonen zuwenden, aufgrund der Heuchelei von Lügnern".

(VII) 1 **„Denn jeder, der nicht bekennt, daß Jesus Christus im Fleisch gekommen ist, ist ein Antichrist[1]; und wer das Zeugnis des Kreuzes nicht bekennt, steht auf der Seite des Teufels[2]; und wer die Worte des Herrn nach den eigenen Begierden umbiegt und sagt, daß es weder Auferstehung noch Gericht gebe, der ist der Erstgeborene des Satans. 2 Verlassen wir deshalb die Hohlheit der Vielen und die Falschlehren und kehren wir zurück zu der uns von Anfang an überlieferten Lehre, indem wir wachen in Gebeten[3] und ausharren im Fasten, mit Gebeten den alles sehenden Gott bitten, daß er uns nicht in Versuchung führe[4], wie der Herr gesagt hat: der Geist ist zwar willig, das Fleisch aber schwach[5]."**

1 Das siebente Kapitel weist einerseits den Doketismus zurück und verlangt andererseits die Rückkehr zu den überlieferten Lehren. Zunächst gibt Polykarp eine vereinfachte Textform von 1 Joh 4,2f. Dort heißt es: „Jeder Geist, der bekennt, daß Jesus Christus im Fleisch gekommen ist, ist aus Gott, und jeder Geist, der nicht Jesus bekennt, ist nicht aus Gott. Und dies ist der (Geist) des Antichristen, von dem ihr gehört habt, daß er kommt, und jetzt ist er schon in

---

[16] Vgl. Roloff, 217–222.
[1] Vgl. 1 Joh 4,2f.; 2 Joh 7. [2] Vgl. 1 Joh 3,8.
[3] Vgl. 1 Petr 4,7. [4] Mt 6,13.
[5] Mt 26,41.

der Welt".[6] Während hier vom Geist des Antichrists die Rede ist, ist bei Polykarp jeder „Christ", der die wirkliche Menschwerdung des Herrn leugnet, gleich selbst ein „Antichrist". Auch IgnTrall 9,1 f. warnt vor dem Doketismus derer, die leugnen, daß Christus „wirklich" geboren wurde, „wirklich" verfolgt wurde, „wirklich" gekreuzigt wurde und „wirklich" von den Toten auferweckt wurde. Tertullian (De carne Christi 15) lehnt verschiedene verkehrte Anschauungen der Ketzer über die Beschaffenheit des Leibes ab, den der Herr angenommen hat. Die Irrlehrer, die das Fleisch Christi nicht als „menschlich und vom Menschen genommen" erklären, haben darüber vier Ansichten geäußert, entweder sei die „caro Christi" „spiritalis" oder „animalis" oder „siderea" oder „imaginaria". Zur ersten Gruppe, nach der aus dem Schoß Mariens ein Phantasma ans Licht kommt, gehören die von Ignatius und Polykarp bekämpften Häretiker, Markion und Satornil, die Phibioniten und vielleicht eine Gruppe unter den Anhängern des Basilides. Ihre Meinung formuliert Gregor von Elvira: „multi sunt haeretici qui eum carnem hominis induisse negant, sed phantasma fuisse dicunt".[7] Eine nähere Bestimmung der von Polykarp ins Auge gefaßten Doketen ist nicht möglich. Was bedeutet aber „das Zeugnis des Kreuzes bekennen"? J. B. Lightfoot (334) meint, daß es sich um einen Genitivus subjectivus handelt: Die Durchbohrung der Seite Jesu und das Austreten von Blut und Wasser (Joh 19,34) könnte als Beweis für die Wirklichkeit des gekreuzigten Leibes Christi dienen. 1 Joh 5,6–8 wird ja gerade auf das Zeugnishafte dieses Vorgangs abgehoben. Es könnte aber auch ein Genitivus objectivus vorliegen (Bauer – Aland, 1001), wie beim „Zeugnis für die Auferstehung" (Apg 4,33), „das Zeugnis von Christus" (1 Kor 1,6), „das Zeugnis von Gott" (1 Kor 2,1). Es könnte also die Heilswirksamkeit des Kreuzes Christi gemeint sein (vgl. IgnEph 9,1; 18,1; Trall 11,2; Phld 8,2). C. Schmidt[8] hat mit Recht hervorgehoben, daß im ganzen Buch Jeû der Kreuzestod des Erlösers gar keine Erwähnung finde, und das als natürlich bezeichnet für Gnostiker, in deren kosmologischen und anthropologischen Spekulationen, in ihrem Doketismus und Spiritualismus die christliche Erlösungslehre keinen Platz hatte. Wo im Gnostizismus die Tatsachen des Todes und der Auferstehung – sicherlich unter dem Drucke der großkirchlichen Autorität – anerkannt würden, verrieten sie sich als leere Phrasen. Es läßt sich aber noch eine dritte Möglichkeit in Erwägung ziehen, nämlich

---

[6] Zur Exegese vgl. G. Strecker, Die Johannesbriefe, KEK 14, Göttingen 1989, 207–214. „Der Verfasser identifiziert den Geist der Jesusleugner mit dem Geist des Antichristen. Die Feststellung, daß sie zu Repräsentanten des Geistes des Antichristen geworden sind, kann an die urchristliche apokalyptische Erwartung anknüpfen, wonach vor dem Ende dieses Äons der Antichrist als Gegner des Christus auftreten wird ... Das apokalyptische Phänomen des Antichristen ist im Auftreten der falschen Propheten zu einem historischen Faktum geworden" (213 f.).

[7] Tractatus Origenis 14,8, CChr.SL 69, 108. Dies nach W. Bauer, Das Leben Jesu im Zeitalter der ntl. Apokryphen, Tübingen 1909 (Nachdr. 1967), 40, der im folgenden auch die anderen Sichtweisen behandelt. Vgl. zum ganzen Doketismusproblem A. Orbe, Cristología Gnóstica, Bd. 1, Madrid 1976, 380–412; A. Grillmeier, Jesus der Christus im Glauben der Kirche, Bd. 1, Freiburg 1979, 187–189.

[8] Gnostische Schriften in koptischer Sprache aus dem Codex Brucianus, TU 8, 1892, 470.

die, daß das eschatologische Kreuz nach Mt 24,30 gemeint ist. Darauf geht ja wohl auch „das Zeichen der Ausspannung am Himmel" (Did 16,6).[9] In der Elijaapokalypse wird geschildert, wie sich der wahre Messias vom falschen unterscheidet: „Wenn der Gesalbte kommt, so kommt er gleich wie eine Taubengestalt; ein Kranz von Tauben ist um ihn; er schwebt auf Himmelswolken, und vor ihm zieht des Kreuzes Zeichen her".[10] In der Offenbarung des Petrus[11] erklärt der Herr, daß er auf der Wolke des Himmels mit großem Heer in seiner Herrlichkeit kommen wird, „indem mein Kreuz vor meinem Angesicht hergeht". Wer also leugnet, daß Christus wiederkommen wird zum Gericht über Lebende und Tote, oder wie es das Glaubensbekenntnis sagt: „venturus est iudicare vivos et mortuos", der ist vom Teufel (vgl. 1 Joh 3,8; Joh 8,44). Die Worte des Herrn „verdrehen, umbiegen" bedeutet sicher, Jesusworte der Evangelien umdeuten. Die Kirchenväter haben vor allem die Gnostiker für Schriftfälschungen verantwortlich gemacht. Etwa Irenäus (haer. I,3,6): „durch gewaltsame Erklärungen werden sie schlechte Deuter der guten Schriftworte. Nicht bloß aus den Evangelien und den Apostelbriefen versuchen sie, sich ihre Beweise zu machen, indem sie die Erklärungen verdrehen und die Deutungen leicht nehmen. Nein, auch aus dem Gesetz und den Propheten". Ähnlich Clemens von Alexandrien (Strom. III,4,39,2): „Sie sind es, die beim Vorlesen durch den Ton ihrer Stimme die Schrift nach ihrem eigenen Belieben verdrehen und das, was verständig und nützlich geboten ist, durch Versetzung einiger Lesezeichen und Punkte mit Gewalt im Blick auf ihre Lüste hin ändern".[12] So zentrale Begriffe wie Auferstehung und Gericht sind bereits früh in der Gnosis geleugnet oder umgedeutet worden. Wenn die Gnostiker beispielsweise vom Gericht sprechen, stellt dieses für sie nur das Vorhandensein des rettenden Lichtfunkens fest und bringt die Vernichtung der Finsternis.[13] Auch den Auferstehungsgedanken haben die Gnostiker früh umfunktioniert. Schon Paulus (1 Kor 15,12) ist mit der gnostischen Auslegung der Auferstehungshoffnung konfrontiert worden und seine Schüler ebenfalls (2 Tim 2,18). Solche gnostische Christen behaupteten, daß die Auferstehung schon geschehen sei, insofern nämlich die „Befreiung der Seele" durch die Erkenntnis als ein Akt der „Auferstehung von den Toten" (= Unwissenden) interpretiert wurde.[14] Wenn Irenäus (haer. III,3,4) berichtet, daß Polykarp den Markion als Erstgeborenen Satans bezeichnet habe, so muß das

---

[9] So die wohl richtige Erklärung, vgl. K. Niederwimmer, Die Didache, KAV 1, Göttingen 1993[2], 265–267 und G. Schöllgen, Didache, FC 1, Freiburg i. Br. u.a. 1991, 79.

[10] 32,1, P. Riessler, Altjüdisches Schrifttum außerhalb der Bibel, Augsburg 1928, 119. Datiert wird diese aus einer jüdischen Grundschrift christlich überarbeitete Apokalypse in den Anfang des 4. Jhdts., so NTApo 2, 626. Riessler denkt an eine Entstehung bis 100 n. Chr.

[11] NTApo 2, 567.

[12] Zur Sache siehe A. Bludau, Die Schriftfälschungen der Häretiker, NTA 11/5, Münster 1925.

[13] H. Merkel, Gericht Gottes IV, TRE 12, 1984, 484.

[14] Vgl. K. Rudolph, Die Gnosis, Göttingen 1990[3], 207–213; R. Staats, Auferstehung II/2, TRE 4, 1979, 522–524.

durchaus keinen Bezug zu unserer Stelle haben. Der Ausdruck ist vielmehr als jüdischen Ursprungs erwiesen worden.[15]

2 Aufforderungen „wach und nüchtern zu sein" stehen im Neuen Testament in eschatologischem Kontext (1 Thess 5,6.8; 1 Petr 4,7; 5,8; 2 Tim 4,5). 1 Petr 4,7: „Das Ende aller Dinge ist nahe. Seid also besonnen und nüchtern und betet" berührt sich am engsten mit unserer Stelle, in der aber nichts mehr an die Naherwartung erinnert. Vielmehr „ruft Polykarp zum Gebet und Fasten auf als Hilfsmittel im Kampf gegen die Häretiker, und der Akzent liegt bei ihm bezeichnenderweise mehr auf der Ausdauer (προσκαρτερεῖν)".[16]

Zum alles sehenden Gott vgl. 1 Clem 55,6, wo es von Ester heißt, daß sie „durch ihr Fasten und ihre Kasteiung den allsehenden Herrn erweichte", und 64, wo ebenfalls der „allsehende Gott" angerufen wird (weitere Belege Bauer – Aland, 1231; Lampe, 1004b unter παντεπόπτης und dem Synonym πανεπίσκοπος Lampe, 1002a). Das Zitat Mt 26,41; Mk 14,38 wird öfter gebraucht, namentlich auch von Gnostikern, wobei das Schicksal des Fleisches eben sein Verderben ist, über das man sich nicht zu beklagen hat.[17]

Auch in der ältesten Predigt, dem 2. Clemensbrief (9,1), müssen Christen gemahnt werden: „Keiner von euch soll sagen, daß dieses Fleisch nicht gerichtet wird noch aufersteht". Das Ausharren und die Hoffnung[18] werden wiederholt verbunden, etwa 2 Clem 11,5: „Laßt uns nicht zweifeln Brüder, sondern Hoffnung fassen und geduldig ausharren, damit wir auch den Lohn empfangen". „Diejenigen, die durchhalten, werden gerettet werden" (Did 16,5). Auch der 1. Clemensbrief mahnt: „Kämpfen wir, um in der Zahl derer erfunden zu werden, die ausharren, auf daß wir der verheißenen Gaben teilhaftig werden" (35,4). Biblische Hoffnung und das Denken der christlichen Autoren des 2. Jahrhunderts bewegt sich dabei in den neutestamentlichen Vorgaben, bezieht sich immer auf göttliche Zusagen und Verheißungen, bleibt nicht wie heidnisches Hoffen im Diesseits befangen, denn Christus ist unsere gemeinsame Hoffnung (IgnEph 21,2). Es gibt keine Hoffnung außer der, die von Christus kommt (2 Clem 1,7), die Heiden können geradezu charakterisiert werden als „die anderen, die keine Hoffnung haben" (1 Thess 4,13).

---

[15] N. A. Dahl, Der Erstgeborene Satans und der Vater des Teufels (Polykarp 7,1 und Joh 8,44), in: BZNW 30, 1964, 70–76 und andere Autoren bei Schoedel, 221.

[16] Bovon-Thurneysen, 255 f.

[17] Siehe die erste Apokalypse des Jakobus, NTApo 1, 261. Zur gnostischen Exegesegeschichte siehe A. Orbe, Cristología Gnóstica Bd. 2, Madrid 1976, 207–218.

[18] K. M. Woschitz, Elpis – Hoffnung. Geschichte, Philosophie, Exegese. Theologie eines Schlüsselbegriffs, Wien 1979; A. Diehle – B. Studer – F. Rickert, Hoffnung, RAC 15, 1991, 1159–1250.

(VIII) 1 „Unablässig also wollen wir ausharren in unserer Hoffnung und beim Unterpfand unserer Gerechtigkeit, das Christus Jesus ist, der unsere Sünden mit seinem Leib auf das Kreuz hinaufgetragen hat[1], der keine Sünde begangen hat, in dessen Mund kein Trug gefunden worden ist[2], der aber unseretwegen, damit wir in ihm Leben haben[3], alles auf sich genommen hat[4]. 2 Nachahmer also mögen wir sein seines Leidens, und wenn wir um seines Namens willen leiden, mögen wir ihn verherrlichen; denn dieses Beispiel hat er uns gegeben durch sich selbst[5], und wir haben es geglaubt."

1 ἀρραβών „Unterpfand" entstammt der Rechts- und Geschäftssprache, bezeichnet eigentlich die Anzahlung, die den Rechtsanspruch begründet, bzw. das Angeld, das die Gültigkeit eines Vertrags bestätigt. Übertragen gebraucht wird es 2 Kor 1,22: Als erster Anteil am verheißenen Heil wird der Geist in unser Herz gesenkt (vgl. Eph 1,14). Bei Polykarp ist Christus selbst dieses Unterpfand unserer Gerechtigkeit, insofern diese begründet ist durch das Erlöserleiden des Herrn, wie es mit dem Zitat aus dem ersten Petrusbrief 2,24.22 ausgedrückt wird.

2 „Nachahmer" (μιμητής) gehört schon bei Ignatius zur besonderen Terminologie der Märtyreridee.[6] So schreibt Ignatius an die Römer (6,3): „Gestattet mir, ein Nachahmer des Leidens meines Gottes zu sein!" Und an die Epheser (10,3) schreibt er: „Bestreben wollen wir uns, Nachahmer des Herrn zu sein". Wer um seines Namens willen leidet, das Martyrium erleidet, verherrlicht ihn (1 Petr 4,16; vgl. 3,14). „Alle, die jemals wegen des Namens gelitten haben, sind herrlich bei Gott", so heißt es in dem 9. Gleichnis des Hermas (Sim IX,28,3).[7] „Beispiel" (ὑπογραμμός), eigentlich die Vorlage zum Nachschreiben oder Nachzeichnen (Bauer – Aland, 1681), steht im Sinn von Beispiel und Vorbild auch 1 Petr 2,21; 1 Clem 16,17 und 33,8. In der Väterliteratur findet sich das Wort immer wieder, wie die Belege bei Lampe, 1446 zeigen. „Wir haben dieses geglaubt" oder „wir haben daran geglaubt", ist wohl eine zu schwache, oberflächliche Übersetzung von ἐπιστεύσαμεν. W. Bauers Wiedergabe ist treffender: „Wir haben Vertrauen darauf gewonnen". Man vergleiche etwa das Offenbarungswort Jesu Joh 11,25f., wo Jesus zu Marta sagt: „Ich bin die Auferstehung und das Leben. Wer an mich glaubt, wird Leben, auch wenn er stirbt und jeder, der lebt und an mich glaubt, wird auf ewig nicht sterben. Glaubst du das?" (πιστεύεις τοῦτο;). Dazu nehme man noch die singuläre Konstruktion von πιστεύειν mit dem Akkusativ 1 Joh 4,16: „Wir haben erkannt und geglaubt die Liebe, die Gott an uns erweist". In diesen Fällen ist „glauben" weit mehr als einfaches „für wahr halten".

---

[1] Vgl. 1 Petr 2,24.
[2] Vgl. 1 Petr 2,22.
[3] Vgl. 1 Joh 4,9.
[4] Vgl. 1 Petr 2,24.
[5] Vgl. 1 Petr 2,21.
[6] Brox, Zeuge und Märtyrer, 204–207.
[7] Vgl. dazu den Kommentar von N. Brox, Der Hirt des Hermas, KAV 7, Göttingen 1991, 454f.

(IX) 1 „Ich bitte euch alle also inständig, dem Wort der Gerechtigkeit[1] zu gehorchen und euch in jedem Leidertragen zu üben, wie ihr es vor Augen habt nicht nur bei den seligen Ignatius und Zosimus und Rufus, sondern auch bei den anderen von euch und bei Paulus selbst und bei den übrigen Aposteln; 2 Überzeugt (sollt ihr sein), daß alle diese nicht ins Leere gelaufen sind[2], sondern im Glauben und in der Gerechtigkeit und daß sie an dem ihnen zukommenden Ort sind beim Herrn, an dessen Leiden sie teilhatten. Denn sie haben nicht die gegenwärtige Weltzeit geliebt[3], sondern den, der für uns gestorben ist und unseretwegen von Gott auferweckt worden ist[4]."

1 Polykarp beginnt mit dem Verweis auf das „Wort der Gerechtigkeit", über dessen Bedeutung in Hebr 5,13 die Erklärer seit langem uneins sind.[5] Für E. Grässer bedeutet δικαιοσύνη hier wie auch an den anderen Hebräerbriefstellen (1,9; 11,33 und 12,11) die Rechtschaffenheit bzw. das Rechte. Der λόγος ist dann vor allem das dazu aufrufende Wort oder deutlicher noch die zum rechten Wandel rufende Predigt, die die Hörer annehmen sollen.[6] Genauso ist es hier bei Polykarp gemeint. E. Grässer übersetzt „das Wort vom richtigen Wandel".[7] Und gerade um diesen richtigen Wandel geht es im Zusammenhang mit dem Leid der Christen in Verfolgung, das dem Beispiel des Herrn und der Heiligen folgt. Beide Namen, Zosimus und Rufus, finden sich in griechischen Inschriften ebenso zusammen (CIG 192, 244, 1969, 3664; Bauer – Aland, 692). Zosimus ist besonders häufig, in Rom allein ist er 252mal belegt.[8] Rufus hieß ein Sohn Simons von Cyrene (Mk 15,21) und der Empfänger eines Grußes Röm 16,13 (vgl. weiters Bauer – Aland, 1476). Die Namen Rufus und Zosimus begegnen auch im CIL III,633 aus Philippi. Ignatius, Zosimus und Rufus waren offenbar jene Märtyrer, von denen am Anfang des Briefes (2 Pol 1,1) berichtet wird, daß die Gemeinde Polykarps sie auf ihrem Weg zum Martyrium unterstützt hat. Die „anderen von euch", die offenbar für Christus gelitten haben, könnten aus der vagen Andeutung Phil 1,28f. erschlossen worden sein. Bei den „übrigen Aposteln" denkt Polykarp wohl ebenso wie Ignatius an die Zwölf.

2 Wenn hier gesagt ist, daß die Vorgenannten alle ihr Leben in Glauben und Gerechtigkeit durch das Martyrium beschlossen haben und deswegen den ihnen zukommenden Platz beim Herrn (Apg 1,25; vgl. 1 Clem 5,4.7; IgnMagn 5,1) erhalten haben, dann muß Polykarp zu dem Zeitpunkt, als er seinen Brief schreibt, gewußt haben, daß Ignatius und seine Gefährten bereits den Märtyrertod erlitten haben. Nach 13,2 aber hat Polykarp noch kein Wissen darüber, ob sie noch am Leben sind oder bereits tot. Beide Texte können also nicht in einem Brief gestanden sein. Daraus schließt man nun mit Recht, daß Kap. 13 einen ersten Brief gebildet haben muß, auf den der zweite Brief Kap. 1–12 u. 14 erst geraume Zeit später gefolgt sein kann (s. Einleitung § 6). Die Reise von Philippi

---

[1] Vgl. Hebr 5,13.   [2] Vgl. Gal 2,2; Phil 2,16.
[3] Vgl. 2 Tim 4,10.   [4] Vgl. Röm 4,25; 2 Kor 5,15.
[5] Vgl. etwa C. Spicq, L'Épître aux Hébreux, Paris 1953, 144 und vor allem E. Grässer, An die Hebräer, EKK XVII/1, Zürich u. a. 1990, 329–331.
[6] Ebd.   [7] Ebd. 319.   [8] Solin, Bd. 1, 111.

nach Rom dürfte mindestens 14 Tage in Anspruch genommen haben.[9] Wenn man dazu noch rechnet, daß Polykarp die Nachricht aus Rom auch erst mit entsprechendem Abstand erhalten haben kann, ergibt sich für den zweiten Polykarpbrief ein gewisser zeitlicher Mindestabstand zum ersten. Die „Liebe zur jetzigen Welt", aus der heraus laut 2 Tim 4,10 ein gewisser Demas den Paulus verlassen haben soll, haben die genannten Märtyrer nicht geteilt, sondern sind in Liebe zu Christus, der gestorben ist und auferweckt wurde, ihrerseits in den Tod gegangen. Sie gehören eben nicht zu den Söhnen dieser Welt, den Weltkindern (Lk 16,8; 20,34).

(X) 1 „Darin also sollt ihr stehen und dem Beispiel des Herrn folgen[1], fest im Glauben, unwandelbar, als ‚Liebhaber der Brüderschaft' einander lieben[2], in Wahrheit vereint, in der Güte des Herrn[3] einer für den anderen (zur Hilfe) bereit, keinen verachtend[4]. 2 Wenn ihr wohltun könnt, schiebt es nicht auf[5], denn Almosen befreit vom Tod[6]. Seid alle einander untertan[7], euer Leben unter den Heiden sei untadelig[8], sodaß ihr aufgrund eurer guten Werke Lob erntet und der Herr nicht durch euch in Schande gerät[9]. 3 Wehe aber dem, durch den der Name des Herrn in Schande fällt. Lehrt also alle die Nüchternheit, in der auch ihr lebt."**

1 Von hier ab bis Ende XII sowie in XIV haben wir nur die alte lateinische Übersetzung.
Ein ähnliches Verbindungsstück zwischen dem vorangehenden und dem folgenden steht Phil 2,5: „Seid untereinander so gesinnt, wie es dem Leben in Jesus Christus entspricht" (Einheitsbibel)! Nur geht im Philipperbrief die Paränese diesem Verbindungsstück voran, während sie bei Polykarp folgt. „Im Glauben fest und unwandelbar" nimmt Gedanken auf wie Kol 1,23; 1 Kor 15,58, sowie IgnEph 10,2 und Smyrn 1,1. Das folgende orientiert sich an Stellen wie 1 Petr 3,8; 2,17 und Röm 12,10. Ferner läßt sich die Gemeinderegel von Qumran vergleichen: „Denn alle sollen in wahrhafter Einung, gütiger Demut, liebevoller Verbundenheit und in rechtem Denken sich einer gegenüber seinem Nächsten verhalten in der Gemeinde der Heiligkeit und als Söhne der ewigen Gemeinschaft" (1 QS II,24 f.). Ob man (mit J. B. Lightfoot) „alterutri praestolantes" mit Röm 12,10 προηγούμενοι, Vulgata „(honore invicem) praevenientes" in Verbindung bringen darf, steht dahin. „Praestolari" heißt ursprünglich „für jemanden bereitstehen", dann „jemanden erwarten". Donat (zu Terent. Eun. 975,2):

---

9 Berechnungen über die Reisegeschwindigkeit antiker Schiffe können nur vage sein, da einerseits die Quellen meist nur an den Rekordzeiten interessiert sind (z.B. Plin. nat. XIX,1,3 f.), andererseits sehr verschiedene, von einander stark abweichende Typen von Ruder- und Segelschiffen unterwegs waren. Vgl. Th. Pekáry, Verkehr, LAW, Zürich – Stuttgart 1965, 3217.

1 Vgl. Phil 2,5.   2 Vgl. 1 Kor 15,58; Kol 1,23; Joh 13,34; 15,12.17.
3 Vgl. 2 Kor 10,1.   4 Vgl. 1 Petr 3,8.
5 Vgl. Spr 3,28.   6 Tob 12,9; 4,10.
7 Eph 5,21; vgl. 1 Petr 5,5.   8 Vgl. 1 Petr 2,12.
9 Vgl. Jes 52,5; Ez 36,20; Röm 2,24.

„praestolari est praesto esse et apparere, hoc est obsequi"; derselbe (zu Terent.
Ad. 26,3): „servuli adulescentibus praestolantur".[10] In der medizinischen Ausdrucksweise gehört das Wort zu den Wendungen, die den Begriff „eine Krankheit beseitigen, heilen" umschreiben, sodaß für „praestolatur" auch „occurrit,
subvenit, succurrit" eintreten kann.[11] Zur Güte des Herrn vgl. 2 Kor 10,1;
IgnPhld 1; IgnEph 10. Jemanden zu verachten wird in vielfältiger Weise in der
Schrift verboten (Spr 23,22; Sir 8,5; 10,23; 31,31; Mt 18,10; 1 Tim 4,12; Tit 2,15).

2 Zur Mahnung, Gutes tun nicht aufzuschieben, vgl. Spr 3,28; dazu
Lk 11,5–13; Jak 2,15f. Seit Ennius gibt es das Sprichwort, das bei Publilius Syrus
(235) die klassische Form gefunden hat: „bis dat, qui dat celeriter".[12] Die
Begründung steht Tob 4,10 und 12,9. Die gegenseitige Unterordnung wird
Eph 5,21 empfohlen und V. 22 sowie 1 Petr 5,5 einzelnen Ständen besonders
angemahnt. Die Worte vom untadeligen Wandel unter den Heiden stammen aus
1 Petr 2,12.

3 Daß der Name des Herrn nicht gelästert werden darf, dazu stehen Stellen
wie Jes 52,5; Ez 36,20 und Röm 2,24 Pate. Analoge Mahnungen bei Ignatius
(Trall 8,2) und im 2. Clemensbrief (13,1f.).[13] In „Nüchternheit" (sobrietas), die
allen vermittelt werden soll, ist nicht buchstäblich die Nüchternheit vor allem
vom Wein, sondern die σωφροσύνη, die vielfach mit „sobrietas" wiedergegeben
wird (Weish 8,7; Apg 26,25; vgl. Röm 12,3; 1 Petr 4,7), angesprochen. Diese
Nüchternheit ist mit der Wachsamkeit benachbart und verwandt (1 Thess 5,6;
1 Petr 5,8).[14]

(XI) 1 **„Sehr traurig bin ich wegen Valens, der bei euch einst zum Presbyter gemacht
wurde, weil er so wenig an die Stellung denkt, die ihm anvertraut worden ist. Deshalb
mahne ich euch: Haltet euch von Habsucht fern und seid keusch und wahrhaftig.
Haltet euch von allem Bösen fern**[1]**! 2 Wer sich aber in diesen Dingen nicht in der
Hand hat, wie kann der das einem anderen predigen**[2]**? Wenn sich einer von der
Habsucht nicht fern hält, wird er vom Götzendienst befleckt werden und beurteilt
werden wie einer aus den Heiden, die das Gericht des Herrn nicht kennen**[3]**. Oder
wissen wir nicht, daß die Heiligen die Welt richten werden**[4]**, wie Paulus lehrt? 3 Ich
aber habe dergleichen bei euch weder gemerkt noch davon gehört, bei denen der
selige Paulus gewirkt hat und die ihr am Anfang seines Briefes (gelobt?) seid. Denn er
rühmt sich euer in allen Kirchen**[5]**, die damals allein schon Gott erkannt hatten; wir
aber hatten ihn noch nicht gekannt. 4 Deshalb, Brüder, bin ich seinetwegen sehr
traurig und auch seiner Gattin wegen; der Herr gebe ihnen echte Sinnesänderung**[6]**.**

---

[10] Siehe ThesLL 10/2, 933,18–66 mit Hinweis auf Plaut. Epid. 217 u. Cic. Cat. 1,24.

[11] J. Svennung, Untersuchungen zu Palladius und zur lateinischen Fach- und Volkssprache,
Lund 1935, 538; vgl. ThesLL 10/2, 935,22f. u. die Diskussion unserer Stelle 935,41–44.

[12] Vgl. A. Otto, Die Sprichwörter der Römer, Leipzig 1890 (Nachdr. 1962), 55.

[13] Vgl. auch die Bemerkung von K. Wengst, Didache (Apostellehre). Barnabasbrief. Zweiter
Klemensbrief. Schrift an Diognet, SUC 2, Darmstadt 1984, 275 Anm. 104.

[14] Zum Wort O. Bauernfeind, ThWNT 4, 1966, 935–940.

[1] 1 Thess 5,22.   [2] Vgl. 1 Tim 3,5.   [3] Jer 5,4.

[4] Vgl. 1 Kor 6,2.   [5] Vgl. 2 Thess 1,4.   [6] Vgl. 2 Tim 2,25.

Seid also auch ihr nüchtern in diesem Punkt und betrachtet solche (Menschen) nicht als Feinde[7], sondern ruft sie zurück wie krankheitsanfällige, in die Irre gegangene Glieder, auf daß ihr euer aller Leib rettet. Denn wenn ihr das tut, baut ihr euch selbst auf."

1 Polykarp nimmt den Fall des Valens, den er im Abschnitt 4 eindringlich aufgreift, zum Anlaß, eine eingehende Paränese an die Gemeinde von Philippi zu richten. Valens ist ein häufiger Name. Die Inschrift CIL III,633 aus Philippi nennt vier Persönlichkeiten dieses Namens. Weiters begegnet er ebd. 640 und 690 und ist auch im Westen häufig.[8] Valens ist in Philippi einst zum Presbyter gemacht worden, jetzt aber – und das ist der Grund zur großen Trauer Polykarps – denkt er nicht daran, was er seiner hohen Stellung schuldig ist. τόπος (Bauer – Aland, 1640; Lampe, 1398a) bedeutet „die Stellung, das Amt". Ign Smyrn 6,1: „Ein (hoher) Rang mache niemand hochmütig"; im Brief an Polykarp 1,2 ist die Stellung des Polykarp so benannt. Aus diesen wenigen Worten geht nicht hervor, ob Valens nicht schon abgesetzt worden ist, noch weniger, daß er vielleicht – so die Hypothese R.M. Grants (siehe oben zum Präskript) – sogar in Philippi Bischof gewesen wäre. Nach den kurzen folgenden Mahnungen, sich von allem Bösen fernzuhalten, namentlich von der Habsucht, hat Abschnitt 2 doch wohl in besonderer Weise Valens im Visier. A. Harnack hat diesem Kapitel eine seiner patristischen Miszellen gewidmet.[9] Ob das „nimis" vor „contristor" mit περισσοτέρως zu übersetzen sei, wie A. Harnack[10] meint, sei dahingestellt, auch wenn eine lateinische Variatio in Abschnitt 4 „valde contristor" heißt. In ähnlichen Verbindungen steht Tob 10,3 (Textform I) λίαν, in der Regel aber σφόδρα (Num 14,39; Ri 10,9; 1 Sam 30,6; 2 Sam 13,21; 1 Makk 10,68; 14,16; Mt 17,23; 18,31; 26,22). Obwohl dieses Kapitel nach A. Harnack zu den selbständigsten gehört, sind die literarischen Abhängigkeiten doch stark. „Haltet euch von allem Bösen fern" kommt aus 1 Thess 5,22.

2 Die Habsucht, die dem Götzendienst nahesteht, ist mit Kol 3,5 zu vergleichen: „Tötet was irdisch an euch ist: die Unzucht, die Schamlosigkeit, die Leidenschaft, die bösen Begierden und die Habsucht, die ein Götzendienst ist".[11] Die Wendung „wie einer aus den Heiden" entspricht Mt 18,17: Wenn einer auch auf die Gemeinde nicht hört, „dann sei er für dich wie ein Heide oder ein Zöllner". Der Satz „die das Gericht des Herrn nicht kennen" erinnert an Jer 5,4: οὐκ ἐπέγνωσαν ὁδὸν κυρίου καὶ κρίσιν θεοῦ. Jer 5,4 kommt wohl in den Qumrantexten nicht vor,[12] aber auch nicht im Frühjudentum noch im Urchri-

---

[7] Vgl. 2 Thess 3,15.

[8] Vgl. ILCV III,160.

[9] Zu Polykarp Ad Philipp. 11, TU 20/3, 1900, 86–93.

[10] Ebd. 90 Anm. 1.

[11] L. Schottroff, Die Befreiung vom Götzendienst der Habgier, in: L. und W. Schottroff (Hg.), „Wer ist unser Gott?", München 1986, 137–152.

[12] Vgl. Fitzmyer, 231; van der Woude, 294; Tov, 427; Gleßmer, 177.

stentum[13] und auch nicht im Frühchristentum. Nach Ausweis der Biblia Patristica wird Jer 5,4 erst in den Jeremiahomilien des Origenes zitiert. Folgender Satz aber ist wieder ein ausdrückliches Zitat aus 1 Kor 6,2, bloß die zweite Person ist in die erste Person Plural geändert worden.

3 Der Abschnitt 3 einsetzende Satz variiert einen ähnlichen des Ignatius an die Trallianer (8,1; vgl. Magn 11). Schwierig ist die Folge, „die ihr zu Anfang seines Briefes (gelobt?) seid", die zu den verschiedensten Verbesserungsvorschlägen Anlaß gegeben hat. „Qui estis in principio epistulae eius" gibt keinen vernünftigen Sinn und ist mit Sicherheit verstümmelt, sodaß schon Th. Smith (bei A. Harnack) vermutete, daß ein Wort wie „laudati" ausgefallen ist, was A. Harnack[14] aufnimmt und meint: „Vielleicht hat Polykarp das etwas ungewöhnliche αἰνεῖσθε geschrieben; aus οἵτινες αἰνεῖσθε konnte unschwer οἵτινές ἐστε werden". Noch schwieriger ist Polykarps Feststellung, daß Paulus sich der Philipper in allen Kirchen rühmt. Diese Behauptung stimmt nicht. Klar ist, daß Polykarp 2 Thess 1,3 f. vorschwebt: „Danken müssen wir Gott alle Zeit euretwegen, ihr Brüder, daß euer Glaube in hohem Maße wächst und die Liebe jedes einzelnen von euch allen gegeneinander sich mehrt, sodaß wir selbst uns euer rühmen in den Gemeinden Gottes wegen eurer Standhaftigkeit und eures Glaubens". Aus dieser Stelle nun erkennt man nach A. Harnack, daß „omnibus" zu „vobis" und nicht zu „ecclesiis" zu ziehen ist, man also zu lesen hat „de vobis etenim gloriatur omnibus (oder auch omnibus gloriatur) in ecclesiis".[15] Dieser Vorschlag ist zwar genial, aber er ist noch nicht aller Weisheit Schluß. Polykarp kontaminiert nämlich im Geist drei Stellen, nämlich Phil 1,3–5; 2 Thess 1,3 f. und schließlich 1 Thess 1,2–10. Hier heißt es V. 6 f.: „Ihr habt unser Beispiel und das des Herrn nachgeahmt ..., sodaß ihr allen Gläubigen in Mazedonien und in Achaia ein Vorbild geworden seid". Paulus rühmt sie (hier natürlich die Thessalonicher) „in omnibus ecclesiis". Sie sind in Mazedonien und Achaia allen Gläubigen ein Vorbild geworden. Von ihnen aus ist das Wort des Herrn nicht nur nach Mazedonien und Achaia gedrungen, sondern an jedem Ort ist ihr Glaube an Gott bekannt geworden, der Glaube an Gott, von dem Polykarp sagt, daß ihn alle Kirchen damals schon erkannt haben, ehe man ihn in Smyrna annahm.

Um diese eigenartige Kontamination zu verstehen, muß man sich vor Augen halten, daß es eine Fehlleistung des Gedächtnisses gibt, die gar nicht so selten ist, daß man nämlich ein auswendig gekanntes Textzitat nicht in seinem ursprünglichen, sondern in einem anderen, aber analogen Kontext lokalisiert. Ich habe diesen Gedächtnisfehler anderswo „Vexierzitate" genannt und mit einer ansehnlichen Reihe von Beispielen belegt.[16] Man darf dabei weiters nicht vergessen, daß die antike Mnemotechnik auf visuellen Assoziationen und räumlichen

---

[13] Vgl. den Index bei Ch. Wolff, Jeremia im Frühjudentum und Urchristentum, TU 118, Berlin 1976, und Biblia Patristica, Paris 1, 1975, 162.

[14] Patristische Miszellen, 92.

[15] Ebd. 88.

[16] J. B. Bauer, Vexierzitate, GrB 11, 1984, 269–281.

Vorstellungen aufbaut und etwa „unius verbi imagine totius sententiae informatio" entsteht (Cic. de or. II,87,358). „Iuvari memoriam signatis animo sedibus" weiß Quintilian (inst. or. XI,2,17) und gibt Beispiele dafür, wie man mit einem Symbol oder einem einzelnen Wort einen ganzen Zusammenhang im Gedächtnis aufruft.[17] Nun beginnen viele Briefanfänge mit dem Dank des Apostels (Röm 1,8; 1 Kor 1,4; Eph 1,16; Kol 1,3), nicht nur 1 Thess 1,2; 2 Thess 1,3 und Phil 1,3. Man muß deshalb gar nicht mit A. Harnack[18] der Meinung sein, daß Polykarp die Thessalonicherbriefe auch als für Philippi bestimmte Briefe beurteilt hat. Man darf aber durchaus eine zusätzliche Stütze für unsere angenommene Kontamination in A. Harnacks Feststellung erblicken, „daß in Bibelhandschriften Philipper- und Thessalonicherbriefe zusammenstanden, Tertullian eine Stelle aus dem Philipperbrief als nach Thessalonich gerichtet zitiert (Scorp. 13) und Clemens Alex. (Protr. IX,87) einen Cento aus jenen Briefen gibt, den er mit den Worten ‚ὁ ἀπόστολος παρακαλῶν τοὺς Μακεδόνας' einführt".[19]

4 Polykarp bekundet noch einmal seine Erschütterung über den Fall des Presbyters und seiner Gattin, die offenbar Hananias und Saphira nicht unähnlich in einen Finanzskandal geschlittert waren, aus Geldgier vielleicht eine größere Summe veruntreut hatten. Sie sollen nicht als Feinde angesehen werden, sondern auf den rechten Weg gebracht, wie „passibilia membra et errantia", also kranke Glieder am Leib Christi (vgl. 1 Kor 12,26), und wie irrende Schafe (vgl. 1 Petr 2,25) zurückgebracht werden, sodaß der Leib Christi erhalten werden soll, gerettet werden kann. Das Bild ist aus 1 Clem 37,5 aufgegriffen. Mehr als ein Jahrhundert später wird der Bischof von Karthago Cyprian (ep. 17,1) in gleicher Weise seinen Schmerz über die abgefallenen Christen ausdrücken und die Brüder ebenfalls mit dem Beispiel aus 1 Kor 12,26 mahnen. Zwei Vorstellungen hat Polykarp miteinander vermischt. Die eine vom verlorenen Schaf, das zurückgebracht wird, die andere von dem kranken Glied am Leib Christi, das geheilt werden soll, damit nicht alle mitleiden. Wer in dieser Weise wirkt, wirkt mit bei der gegenseitigen Erbauung.[20] Gerade diese Vermengung beider Bilder läßt darauf schließen, daß mit „passibilia membra" mehr als bloß die „kranken" Glieder am Leib Christi gemeint sind. In den Rückübersetzungen (Th. Zahn, F.X. Funk) ist von μέλη παθητά die Rede. Sowohl das griechische wie das lateinische Wort heißt im Grund „leidensfähig", später in den patristischen christologischen Texten wird es immer wieder in diesem Sinn gebraucht. Nun kann sowohl das griechische παθητός wie das lateinische „passibilis" auch

---

[17] Vgl. E. Wüst, Mnemonik, PRE 15/2, 1932, 2264f.; O. Dreyer, Mnemotechnik, KP 3, 1969, 1371f. mit Lit.

[18] Patristische Miszellen 89.

[19] Ebd. Hier ist daran zu erinnern, daß Briefe in einem Bündel mit entsprechenden Aufschriften vereinigt wurden (vgl. Cic. Att. VIII,5,1), was nicht nur für den Versand, sondern auch für erste kleinere Sammlungen gegolten haben wird.

[20] H. Pohlmann, Erbauung, RAC 5, 1962, 1043–1070, bes. 1065f.; J. Pfammater, Erbauung, EWNT 2, 1981, 1211–1218.

etwas anderes bedeuten. Lampe (991 f.) gibt solche Stellen nicht, aber Theodoret h.e. IV, 28,1 kann von Mönchen sprechen, „die in einem der Leidenschaft unterworfenen Körper nach einem leidenschaftslosen Leben strebten" (ἐν παθητοῖς σώμασι τὴν ἀπαθῆ βιοτὴν μελετῶντες).[21] Polykarp kann aber auch das griechische ἐμπαθής verwendet haben. Einige Belegstellen: Clemens von Alexandrien rät zum Verlassen des „schlechten, an üblen Leidenschaften reichen und gottlosen" Ethos.[22] An einer anderen Stelle meint er: „Unsere Natur dagegen (im Vergleich zur göttlichen) ist von Leidenschaften erregt und hat deshalb Enthaltsamkeit nötig (ἡ δὲ ἡμετέρα φύσις ἐμπαθὴς οὖσα ἐγκρατείας δεῖται)".[23] Nach Methodius[24] ist es das Gesetz, das mit dem Gesetz der Vernunft im Streit liegt (Röm 7,23), das stets die leidenschaftlichen und materiellen Ablenkungen (ἐμπαθεῖς ... περισπασμούς) zur Gesetzlosigkeit erzeugt und auf jede Weise zu den Lüsten hinzieht. Der griechische Ephräm[25] mahnt: „Wenn du mit einem schönen Jüngling sprichst, bewahre deine Augen, daß nicht die Leidenschaft (ἐπιθυμία) deinen Verstand trübe und du beginnst, Gedanken zu fassen voll Begierde (λόγους ἐμπαθείας πλήρεις ὄντας)". Notwendig ist deshalb die Triebbeherrschung, die παθοκράτεια (4 Makk 13,5.15; vgl. 7,20).

Wir kommen zu lateinischen Belegen, obwohl sich die griechischen noch leicht vermehren ließen. In den Pseudo-Clementinen[26] lesen wir, daß „homines ... ex impietate passibiles facti sunt". Und gleich darauf heißt es:[27] „peccatum ... hominem passionibus obnoxium facit". In der pseudocyprianischen Schrift De singularitate clericorum 45:[28] „Wenn einer unterwegs gezwungen ist, bei Brüdern oder Heiden Gast zu sein, wenn Frauen dabei sind, omnino se artet, ne passibilitate aliqua vitietur". Weitere Stellen bietet der Thesaurus Linguae Latinae (10/1, 609, 9–27) unter der Rubrik: „in malam partem spectat ad libidines, vitia sim(ilia)", und hier findet sich am Schluß auch unsere Polykarpstelle angeführt.

Mag Polykarp also auch durch 1 Kor 12,26 („wenn ein Glied leidet") zu seinen „passibilia membra" angeregt worden sein, so läßt sich doch ernstlich fragen, ob er nicht einiges von dem im Sinn gehabt hat, was in den voranstehenden Belegen zum Ausdruck kam. Denn auch die „errantes" finden sich Tit 3,3 in solchem Zusammenhang: „Eramus enim aliquando et nos ... errantes, servientes desideriis, et voluptatibus variis, in malitia et invidia agentes".[29]

---

[21] GCS 19, 268,10; deutsch von A. Seider, BKV² 51, 254.

[22] Protr. X,89,2 GCS Clem. 1, 66,14.

[23] Strom. II,81,1 GCS Clem. 2, 155,15f.

[24] Res. 2,6 GCS 27, 340,15.

[25] De vita spirituali 11, opera I, 261a.

[26] Recogn. V,2,3 GCS 51, 166,18f.

[27] V,3,2 GCS 51, 167,10f.

[28] CSEL 3/3, 219,25–27.

[29] Vgl. in diesem Zusammenhang auch den interessanten Aufsatz von E. Auerbach, Passio als Leidenschaft, in: Gesammelte Aufsätze zur romanischen Philologie, Bern – München 1967, 161–175.

(XII) 1 „Ich bin ja überzeugt, daß ihr in der Hl. Schrift gut eingelesen seid, und so ist euch nichts verborgen. Mir aber steht es nicht zu. Bloß wie es in der Schrift heißt: ‚Zürnt, aber sündigt nicht[1]' und: ‚Die Sonne soll über eurem Zorn nicht untergehen[2]'. Selig wer daran denkt! Das trifft, glaube ich, auf euch zu. 2 Der Gott aber und Vater unseres Herrn Jesus Christus und er, der ewige hohe Priester[3], Gottes Sohn Jesus Christus baue euch auf im Glauben und in der Wahrheit, in aller Sanftmut, ohne Zorn, in Geduld, in der Langmut, im Ertragen und in der Keuschheit. Und er gebe euch Anteil und Gemeinschaft unter seinen Heiligen[4] und uns mit euch und allen die unter dem Himmel sind[5], die zum Glauben kommen werden an unseren Herrn[6] Jesus Christus und an seinen Vater, der ihn von den Toten auferweckt hat[7]. 3 Betet für alle Heiligen[8], betet auch für die Könige, Machthaber und Fürsten[9], aber auch für die, die euch verfolgen und hassen[10] und für die Feinde des Kreuzes[11], sodaß eure Frucht allen offenbar sei[12], sodaß ihr in ihr vollkommen seid[13]."

1 Die Parallele zu 1 Clem 53,1 haben wir oben in der Tabelle (§ 11) angeführt. Ein ähnlicher Hinweis steht 2 Tim 3,15. Man wird daraus nicht eine großartige Schriftkenntnis (des AT natürlich) der Philipper herauslesen dürfen, vielmehr liegt hier eine gewisse Captatio benevolentiae vor, die der Entschuldigung oben 3,1 entspricht, wo Polykarp als Motivation für seinen Brief die Aufforderung der Philipper nennt. Wir haben also so etwas wie eine Demutsformel vor uns. Wenn es dann weiter heißt: „Mihi autem non est concessum", dann ist das sicher nicht zu übersetzen: „mir aber ist es (solche Schriftkenntnis) nicht geschenkt".[14] Philologisch wäre diese Übersetzung allerdings möglich. Man vergleiche die Vulgatafassung von Jos 14,10: „Concessit ergo dominus vitam mihi" und Weish 6,7: „exiguo conceditur misericordia". Hier aber heißt concedere wie so oft „erlauben, gestatten". Allein richtig übersetzt W. Bauer (und H. Paulsen): „mir aber steht es nicht zu". Zu ergänzen natürlich: „daß ich, der ich nicht euer Bischof bin, euch belehre". Er erlaubt sich lediglich den Hinweis auf ein Schriftzitat. Man könnte auch annehmen, daß „concessum, – i" hier als Substantiv gemeint ist (ThesLL 4,18), ähnlich wie „concessus, – us" (ThesLL 4,27) im Sinn von „Erlaubnis" (permissio). Am Sinn würde sich nicht viel ändern, etwa:

[1] Ps 4,5; Eph 4,26a.
[2] Eph 4,26b.
[3] Vgl. Hebr 6,20; 7,3.
[4] Vgl. Kol 1,12; Apg 26,18.
[5] Vgl. Apg 2,5.
[6] Vgl. 1 Tim 1,16.
[7] Vgl. Gal 1,1; Kol 2,12; 1 Petr 1,21.
[8] Vgl. Eph 6,18.
[9] Vgl. 1 Tim 2,1f.
[10] Vgl. Mt 5,44; Lk 6,27f.
[11] Vgl. Phil 3,18.
[12] Vgl. Joh 15,16; 1 Tim 4,15.
[13] Vgl. 1 Tim 2,2; Jak 1,4.
[14] Falsch also übersetzt F. Zeller: „mir (allerdings) ist das nicht gegönnt", ebenso Th. Camelot: „moi je n'ai pas ce don". Ähnlich schon J.B. Lightfoot und K. Lake: „but to myself this is not granted". J.A. Kleist hat: „a privilege not granted to me", W.R. Schoedel: „but that has not been left to me". Ebenso zuletzt noch J.J.A. Calvo: „a mí no se me ha concedido" und H.U. von Balthasar: „mir ist das freilich nicht gegeben", wie schon G. Krüger. J.B. Lightfoots Hinweis auf das griech. ἐπιτέτραπται HermVis II,4,3 belegt diese Auffassung gerade nicht, sondern das Gegenteil, vgl. 2 Pol 3,1 und Bauer – Aland, 614.

„ich habe keine Erlaubnis/Autorität/Vollmacht euch gegenüber". Das Schriftzitat selbst hat den Scharfsinn der Erklärer verschiedentlich herausgefordert.
D. Völter:[15] „Ob Polykarp hier einfach Eph 4,26 im Auge hat? Polykarp
unterscheidet zwei Sprüche und nennt beide scripturae, d. i. γραφαί. Die
Erklärung dürfte diese sein, daß Polykarp allerdings die beiden Sprüche aus Eph
4,26 nebeneinander in Erinnerung hat. Aber da er weiß, daß der erste aus Ps 4,5
stammt, wird er der Meinung gewesen sein, daß der zweite ebenfalls ein alttesta-
mentliches Citat enthalte". H. Köster[16] äußert sich ähnlich und fügt mit Berufung auf G. Krüger hinzu: „Vielleicht war er (Polykarp) sich auch gar nicht
bewußt, daß dieser zweite Satz im AT nicht zu finden war".[17]

Mir scheint die Frage anders gelöst werden zu können. Wir finden im Alten
Testament Dtn 24,14f. ausdrücklich die Weisung, daß dem Taglöhner die
Lohnauszahlung nicht verweigert werden darf: „Die Sonne soll darüber nicht
untergehen". Wir kennen dann die Bestimmung, daß die Leiche eines Hinge-
richteten nicht über Nacht am Pfahl hängen bleiben darf, „sondern du sollst ihn
noch am gleichen Tag begraben" (Dtn 21,22f.). Auf die Stelle ist offenbar
Joh 19,31 Bezug genommen, wobei zusätzlich der Sabbat ins Spiel gebracht
wird. Im Petrusevangelium 5 wird dieser Zeitpunkt dann mit unserer Wendung
umschrieben: „Es steht nämlich im Gesetz geschrieben, die Sonne solle nicht
über einem Getöteten untergehen am Tage vor dem Tag der ungesäuerten
Brote". Mit dem Gesetz ist ohne weiteres Dtn 21,23 gemeint, was hier in einer
sehr freien Weise zitiert wird. L. Vaganay[18] meint, diese Freiheit der Zitation,
die zu der damaligen Zeit häufig war, ist umso gerechtfertigter als der Sonnen-
untergang die beste Weise war, die gesetzliche Vorschrift: „du sollst ihn noch
am gleichen Tag begraben" zu umschreiben. Das sei nun, so L. Vaganay, eine bei
den Juden geläufige Interpretation, die sich fast mit denselben Ausdrücken
sowohl in der Bibel (Jos 8,29) wie bei Philo (spec. leg. III,28) als auch bei
Josephus (Bellum IV,5,2) findet. Der Autor des Petrusevangeliums müsse deshalb den lapidaren Stil dieser Zitation aus dem Gesetz nicht selbst erfunden
haben, er konnte ihn bereits irgendeinem vorliegenden Werk entnommen haben. Sehen wir uns im Licht dieser Umschreibung Eph 4,26 an, so könnte man
im zweiten Teil des Verses: „Die Sonne soll über eurem Zorn nicht untergehen"
durchaus eine analoge Umschreibung der zweiten Vershälfte von Ps 4,5 erblik-
ken. Die deutsche Einheitsbibel übersetzt heute: „Ereifert ihr euch, so sündigt

---

[15] Völter, 36.
[16] Köster, 113.
[17] Mit Recht hatte schon W. Bauer erklärt (296f.): Selbst wenn Polykarp das zweite Schriftzitat
aus Eph 4,26 zugekommen wäre, beweist das nicht, „daß der Epheserbrief für Polykarp zu den
Schriften gehört haben müßte, was aus kanongeschichtlichen Gründen nicht eben wahrscheinlich
heißen kann. Möglich ist vielmehr auch, daß Polykarp das Epheserwort für einen Bestandteil des
Alten Testaments gehalten hat". Demgegenüber ist B. Dehandschutter (282) der Meinung, daß
Eph 4,26 ausdrücklich als Schriftzitat zitiert wird. Wer das leugnet wie H. Köster, tue das wegen der
Implikationen für die Kanongeschichte.
[18] L. Vaganay, L'Évangile de Pierre, Paris 1930, 215f.

nicht! Bedenkt es auf eurem Lager und werdet stille!" Ähnlich kann das griechische „ἐπὶ ταῖς κοίταις ὑμῶν κατανύγητε" übersetzt werden, von κατανύσσομαι.[19] Obwohl auch die Interpretation der lateinischen Bibel (Gallicanum): „in cubilibus vestris conpungimini" zu Recht besteht, wofür Hieronymus „et tacete" hat. Nun liest der Codex Alexandrinus (A) κατανοίγητε, was bei Augustinus als „aperimini" erscheint.[20] Wenn die Verbalform schon verschieden gelesen werden konnte, dann mochte ein hellenistischer Jude κατανύγητε = κατανύετε lesen und von κατανύειν ableiten, was „beenden/vollenden" heißt, namentlich von einem Weg (Herodot VIII,98; Xen. Hell. V,4,49; 2 Makk 9,4), auch ein Werk vollenden (Eurip. Electra 1163). Dieser Leser konnte also den Psalmvers so verstehen: „Auf euren Lagern, also bis zum Abend, beendet euren Zorn". Die Lesung erklärt sich aus der vielfach beobachteten Entfaltung (Anaptyxis) eines inlautenden spirantischen γ zwischen zwei Vokalen gleichsam zur Tilgung des Hiatus.[21]

K. A. Credner[22] hat übrigens vermutet, daß Polykarps Zitat nicht auf Eph 4,26, sondern auf einer anderen außerkanonischen Quelle beruhe. Bei A. Resch[23] wird Eph 4,26b als Agraphon (Nr. 94) gezählt, der seine fünf Belege teils auf das Evangelium, teils auf den Herrn (in Verbindung mit Mt 5,22) zurückführt. Eine solche außerkanonische Quelle mag durchaus, auf eine variante Übersetzung von Ps 4,5 zurückgehend, den Spruch dem Herrn zugeeignet haben und womöglich mit dem anschließenden Mahnwort/Weckruf, wie wir analoge aus dem NT kennen (Mk 4,9.23; Lk 8,8; Offb 2,7 u.ö.), abgeschlossen haben. Nur nebenbei sei bemerkt, daß sich der Makarismus, der sich damit verbindet, in der frühchristlichen Zeit sehr verbreitet hat.[24] Der Schlußsatz hat sein Analogon in 2 Tim 1,5.

2 Der Ausdruck „der ewige Hohepriester" kommt aus Hebr 6,20; 7,3 und findet sich nochmals im Gebet des Polykarp in seinem Martyrium (MartPol 14,3). „Sanftmut" gibt nach J. B. Lightfoot ἀοργησία wieder, über die Plutarch einen eigenen Traktat geschrieben hat. Das Adjektiv findet sich auch 1 Clem 19,3 und IgnPhld 1,2. „Anteil und Gemeinschaft" steht in dieser Verbindung Dtn 12,12; 14,26.28; Apg 8,21; Kol 1,12. Die „Heiligen" sind die Christen wie IgnSmyrn 1,2 und häufig im Neuen Testament (1 Kor 6,1; 2 Kor 1,1; Eph 2,19; 3,8). Es folgt der Segenswunsch für alle Völker, die noch zum Glauben kommen werden. Zur Formulierung siehe Apg 2,5 und Kol 1,23. Das Heil der Heiden lag

---

[19] Vgl. die Besprechung der biblischen Stellen bei J.F. Schleusner, Novus Thesaurus, Bd. 3, Leipzig 1820, 255f.

[20] Vgl. A. Rahlfs, Psalmi cum Odis, Göttingen 1967, 84.

[21] So E. Mayser, Grammatik der griechischen Papyri aus der Ptolemäerzeit, Bd. 1, Leipzig 1906, 167f. mit zahlreichen Beispielen. Diese Neuentwicklung findet besonders nach hellen Lauten statt.

[22] K.A. Credner, Beiträge zur Einleitung in die Biblischen Schriften I, 1883, 20f., was den Erklärern, soweit ich sehe, entgangen ist.

[23] A. Resch, Agrapha, TU 15/3.4, 1906[2], 136f.

[24] Vgl. Bauer – Aland, 987f. mit zahlreichen Belegen, dazu ThomEv 7.18.19.49.58; ActThom 94 (11 Makarismen).

sonst nicht im besonderen Blickwinkel des nachapostolischen und vorkonstantinischen Christentums.[25]

3 Zwischen der empfohlenen Fürbitte für die Mitchristen (Eph 6,18; vgl.
Röm 15,30; Eph 1,15–19; 3,16f.; Jak 5,16; 1 Joh 5,16)[26] und dem Gebet für die
Feinde und Verfolger nach dem Wort und Beispiel des Herrn (Mt 5,44;
Lk 23,34) und des Stephanus (Apg 7,60) steht die Aufforderung zum Gebet für
die weltliche Obrigkeit. Zeitlich vor der Fürbitte für die „heidnische" Obrigkeit
steht schon die „politische Apologetik" des lukanischen Doppelwerks. Am
Schluß sagt Lukas (Apg 28,30), daß Paulus das Reich Gottes mit allem Freimut
verkünden konnte, ungehindert. Das letzte Wort in einem antiken Werk trägt
ein besonderes Gewicht. Hier heißt es „ungehindert", womit Lukas die Gegenwart und die Zukunft der Kirche im Reich positiv bewertet wissen will. Lukas
sagt das, obwohl er wie sein Leser weiß, daß Paulus unter Nero den Märtyrertod
gestorben ist. Dreimal ist die Unschuld des gefangenen Paulus festgestellt
worden (Apg 23,29; 25,25; 26,31) und damit die Analogie zum Todesschicksal
Jesu festgehalten (Lk 23,4.14.22). Wie Pilatus gegen seine Überzeugung gehandelt hat, als er Jesus zur Kreuzigung auslieferte (Lk 23,23–25), so handelte
auch Porcius Festus gegen seine Überzeugung, als er Paulus nicht die Freiheit
schenkte (Apg 25,25–27; 26,31f.). Die römischen Beamten hatten sich dem
Druck jüdischer Exponenten nicht zu entziehen vermocht (vgl. Lk 23,24f.;
Apg 25,9).[27] Fürbitten und Segenswünsche für die Obrigkeit kennt schon das
hellenistische Judentum. Philo (gegen Flaccus 49f.) bemerkt, daß überall „auf
der bewohnten Welt die jüdischen Gotteshäuser eindeutig für die Juden Stätten
sind, wo das Kaiserhaus verehrt wird". Nicht anders ist es in den Mysterienkulten. Apuleius (Metamorphosen XI,17,2f.) berichtet, daß in dem Geheimkult ein
sogenannter Schriftgelehrter auftritt, das heilige Kollegium zur Versammlung
ruft und von einer erhöhten Kanzel aus einem heiligen Buch Segensworte für
den großen Kaiser, den Senat, die Ritter und das ganze römische Volk spricht.
Eine solche in etwa unreflektierte Loyalität dem Staat und seinem Gewalthaber
gegenüber finden wir auch bei den Christen, die ermahnt werden, „Bitten,
Gebete, Fürbitten und Danksagungen für alle (!) Menschen zu verrichten, für
Könige und alle Obrigkeiten, damit wir ein ruhiges und stilles Leben führen
können in aller Frömmigkeit und Ehrbarkeit" (1 Tim 2,1f.). Wie dieses liturgi-
sche Gebet für die Herrscher gelautet hat, dafür liefert ein Beispiel 1 Clem 60f.:
„Laß uns, Herr, deinem allmächtigen und herrlichen Namen und unseren
Herrschern und Fürsten auf Erden gehorsam sein. Du, Herr, hast ihnen kraft
deiner erhabenen und unsagbaren Macht die Königsgewalt gegeben … Gib
ihnen, Herr, Gesundheit, Frieden, Eintracht, Beständigkeit, daß sie die Herr-

---

[25] Vgl. Y. Congar, Souci du salut des paiens et conscience missionnaire dans le Christianisme
postapostolique et préconstantinien, in: FS J. Quasten Bd. 1, Münster 1970, 3–11.

[26] H. Zimmermann, Fürbitte, BThW 1967[3], 444–450.

[27] Vgl. E. Haenchen, Die Apostelgeschichte, Göttingen 1968[6], 654f.; G. Schille, Die Apostelgeschichte des Lukas, Berlin 1983, 480f. und bes. R. Pesch, Die Apostelgeschichte, EKK V/2, Zürich
u. a. 1986, 312f.

schaft, die du ihnen verliehen hast, untadelig ausüben". „Untadelig" (ἀπροσ-κόπως) und nicht wie Pilatus oder Porcius Festus sollen sie ihre Macht gebrauchen. „Wir beten, daß ihr stets nicht nur im Besitz der Kaiserherrschaft, sondern auch vernunftgemäßer Einsicht (σώφρονα τὸν λογισμὸν ἔχοντες) erfunden werdet", hält Justin der Märtyrer fest (1. Apologie 17,3).[28] Das Gebet für die Kaiser ist immer auch ein Gebet darum, daß sie, obwohl Nichtchristen und Feinde des Christentums, diesem mit Gerechtigkeit begegnen. Die Bitte für die Verfolger und Hasser entspricht Mt 5,44, wobei die Hasser aus Lk 6,27 stammen, ein Eindringen des Paralleltexts, wie er sich in zahlreichen Majuskeln, im Diatessaron und bei den Lateinern findet. Daß Mt dem Verfasser vor Augen steht, geht aus dem Schluß hervor, wo Mt 5,48 anklingt („Werdet also ihr vollkommen, wie es auch euer Vater ist"). Dazwischen steht die nicht zufällige Erinnerung an Phil 3,18 (die Feinde des Kreuzes) und eine Kombination von Joh 15,16 („daß eure Frucht bleibe") mit 1 Tim 4,15 („damit allen deine Fortschritte offenbar werden"). Als Feinde des Kreuzes Christi bezeichnet Paulus Phil 3,18 wohl solche, „die zwar die Heilsbedeutung des Kreuzes nicht leugnen, wohl aber durch die Art ihres Wandels das Kreuz Christi mißachten. Sie ziehen aus ihm nicht die Konsequenzen für die praktische Lebensgestaltung".[29] Die patristische Exegese sah in den Feinden des Kreuzes Christi entweder judaisierende Irrlehrer, weil man Phil 3,19 „in pudendis illorum" übersetzte und meinte, sie rühmten sich ihrer beschnittenen Glieder,[30] oder Häretiker überhaupt, so Basilius von Cäsarea (ep. 264) von den Arianern. Der ebenfalls im 4. Jahrhundert schreibende Pseudo-Ignatius versteht unter den Feinden des Kreuzes Christi ebenso Häretiker, worunter namentlich auch „amatores voluptatum" (φιλήδονοι) fallen, sodaß er in das Zitat von Eph 3,18f. noch 2 Tim 3,4 einfügt („der Lust ergeben und nicht Gott liebend").[31] Wir finden im übrigen ein etwas erweiteres analoges Gebet bei Prosper von Aquitanien († um 450 in Rom): „Supplicat ergo ubique Ecclesia Deo non solum pro sanctis et in Christo jam regeneratis, sed etiam pro omnibus infidelibus et inimicis crucis Christi, pro omnibus idolorum cultoribus, pro omnibus qui Christum in membris ipsius persequuntur, pro Judaeis, quorum caecitati lumen Evangelii non refulget, pro haereticis et schismaticis, qui ab unitate fidei et caritatis alieni sunt" (de vocatione omnium gentium I,12,28 PL 51,664C). Das Gebet lebt ja in den sogenannten Orationes sollemnes vom Karfreitag weiter, die ein Rest der Oratio fidelium der römischen Liturgie sind.[32]

---

[28] Weitere Belege: Theophilus an Autolycus I,11 und Tertullian Apologeticum 30 u. 39. Diese und ähnliche Texte griechisch-lateinisch-deutsch bei H. Rahner, Kirche und Staat im frühen Christentum, München 1961, 40–71.

[29] J. Schneider, σταυρός etc., ThWNT 7, 1966, 576, 6–10.

[30] Z.B. Ambrosiaster z.St. CSEL 81/3, 157,1–10.

[31] So Magn. 9,5 (Funk – Diekamp, Patres Apostolici Bd. 2, 127), vgl. Trall. 11,5 (ebd. 111) und Antioch. 6,2 (ebd. 217).

[32] Vgl. P. De Letter, St. Prosper of Aquitaine. The Call of Nations, New York 1952, 184 Anm. 178.

(XIV) „Das schreibe ich euch durch Crescens, den ich euch mündlich empfohlen habe und jetzt erneut empfehle. Denn er hat mit uns ohne Tadel gelebt. Ich glaube, daß er auch mit euch so (leben wird). Seine Schwester sei euch auch empfohlen, wenn sie zu euch kommt. Lebt wohl im Herrn Jesus Christus, in der Gnade mit den Euren allen. Amen.“

Crescens, ein Name, der oft (vgl. 2 Tim 4,10) vorkommt und auch in Philippi (CIL III,633) belegt ist, dürfte eher der Überbringer (vgl. Apg 15,23; 1 Petr 5,12; IgnRom 10,1) des Briefes gewesen sein als der Sekretär, dem der Brief diktiert wurde (wie Clemens einer war, vgl. Euseb. h.e. IV, 23,11). Eine Schwierigkeit bildet das Verständnis von „in praesenti“. Man könnte es zunächst übersetzen: „im gegenwärtigen Brief“.[1] Dieses Verständnis wird durch den Gegensatz des folgenden „nunc“ ausgeschlossen. Die Rücksicht auf „nunc“ führt dann vielfach zur Übersetzung: „jüngst, neulich, kürzlich“.[2] G. Krüger gibt: „den ich euch stets (siempre Ruiz Bueno) empfohlen habe“, F. Zeller: „den ich bisher euch empfohlen habe“. W. R. Schoedel hat einen genialen Einfall. Er meint, der griechische Schreiber oder der Übersetzer ins Lateinische könnte das griechische ENTOPARELTHONTI verlesen und unter Auslassung der vier Buchstaben ELTH eben ENTOPARONTI gelesen haben. Es sei also „in the past“ zu übersetzen statt „in the present“. W. Bauer und H. Paulsen geben: „Bei meinem Besuch“, und das dürfte wohl das richtige sein.[3] „In praesenti“ steht in der altlateinischen Bibel (Apg 16,28 und 25,17) für ἐνθάδε und gelegentlich erscheint es als Übersetzung von κατὰ πρόσωπον.[4] W. Bauer hatte erklärt: „Das Dunkle in praesenti möchte ich am liebsten als Wiedergabe eines griechischen Ausdrucks verstehen, der auf die Anwesenheit des Polykarp in Philippi bezug nahm (vgl. 11,3)“. Die von uns angeführten Belege geben ihm offenbar recht. Übersetzt man mit „persönlich“, so kann diese frühere Empfehlung auch an Repräsentanten der Philipper stattgefunden haben, die Polykarp anderswo getroffen hat. Die Empfehlung von Mitarbeitern und Briefüberbringern ist im Christentum alt (vgl. Röm 16,1f.; 1 Kor 16,15f.; Phil 2,25–30; Kol 4,7f.), wie denn auch schon im Judentum die ἐπιστολαὶ συστατικαί, bei den Christen später die „litterae commendatitiae“[5] weite Verbreitung fanden.

---

[1] Infolge der üblichen Ellipse, Belege ThesLL 10/2, 849,71–850,6.

[2] So J. B. Lightfoot, der „in praesenti“ als natürliche Wiedergabe des griechischen ἄρτι (Bauer – Aland, 221) ansieht. Ihm folgen Th. Camelot, J. A. Kleist, H. U. von Balthasar, J. J. A. Calvo.

[3] Auf einen Beleg für diese Übersetzung macht mich A. Fürst, Regensburg, aufmerksam: Augustinus ep. 74 CSEL 34/2, 279,4f.: „Sicut praesens rogaui … nunc quoque commoneo“ – eine schon mündlich vorgetragene Bitte wird schriftlich wiederholt.

[4] Vgl. A. Blaise, Dictionnaire latin-français des auteurs chrétiens, Paris 1954, 653b; A. Souter, A glossary of later latin, Oxford 1949/1957, 318; ThesLL 10/2, 841,43–56.

[5] H. Leclercq, Litterae commendatitiae, DACL 9/2, 1930, 1571–1576.

Literaturverzeichnis

Die benutzten Abkürzungen entsprechen denen von S. M. Schwertner, Internationales Abkürzungsverzeichnis für Theologie und Grenzgebiete [IATG²], Berlin – New York 1992² bzw. denen des Abkürzungsverzeichnisses der Theologischen Realenzyklopädie [TRE], Berlin – New York 1994²; was darin nicht erfaßt ist, wird ausgeschrieben. Die hier aufgeführten Titel werden bei oftmaliger Erwähnung mit Autornamen und Seitenzahl, wo nötig zusätzlich mit Kurztitel bzw. Vornamen zitiert.

1. Textausgaben

Die Erstausgabe der lateinischen Übersetzung durch J. Faber erschien Paris 1498, der griechische Text wurde zuerst herausgegeben von P. Halloix, Douai 1633.

K. Bihlmeyer – W. Schneemelcher, Die Apostolischen Väter. I. Didache, Barnabas, Klemens I und II, Ignatius, Polykarp, Papias, Quadratus, Diognetbrief, SQS, 2. Reihe, I,1, Tübingen 1970³.

G. Bosio, I padri apostolici. II. Sant'Ignazio d'Antiochia, San Policarpo, Martirio di San Policarpo, Papia, Lettera a Diogneto, CPS.G 14, Turin 1942.

J.J. A. Calvo, Ignacio de Antioquía, Policarpo de Esmirna, Carta de la iglesia de Esmirna a la iglesia de Filomelio. Introducción, Traducción y Notas, Fuentes Patrísticas 1, Madrid 1991.

Th. Camelot, Ignace d'Antioche. Polycarpe de Smyrne. Lettres. Martyre de Polycarpe. Texte grec. Introduction, traduction et notes, SC 10, Paris 1969⁴.

S. Colombo, SS. Patrum Apostolicorum Opera graece et latine, Turin 1949.

J.B. Cotelier, SS. Patrum qui temporibus apostolicis floruerunt Barnabae, Clementis, Hermae, Ignatii, Polycarpi opera edita et inedita, vera et supposititia. Una cum Clementis Ignatii, Polycarpi actis atque martyriis J.B. Cotelerius ... ex mss. codicibus correxit, ac eruit, versionibus, notis et indicibus illustravit, Lutetiae Parisiorum, 1672; dasselbe in 2 Bänden Antwerpen 1698; Editio altera, auctior et adcuratior, Amsterdam 1724.

A. R. M. Dressel, Patrum Apostolicorum opera. Textum ad fidem codicum et Graecorum et Latinorum, ineditorum copia insignium, adhibitis praestantissimis editionibus, recensuit atque emendavit, notis illustravit, versione Latina passim correcta, prolegomenis, indicibus instruxit A. R. M. Dressel. Accedit Hermae Pastor, ex fragmentis Graecis Lipsiensibus, instituta quaestione de vero ejus textus fonte auctore C. Tischendorf, Leipzig 1857.

J. A. Fischer, Die Apostolischen Väter. Eingeleitet, herausgegeben, übertragen und erläutert, SUC 1, Darmstadt 1986⁹.

F. X. Funk, Patres Apostolici Bd. 1, Tübingen 1901.

F. X. Funk – F. Diekamp, Patres Apostolici Bd. 2, Tübingen 1913[3].

O. de Gebhardt – A. Harnack – Th. Zahn, Patrum Apostolicorum Opera. Textum ad fidem codicum et graecorum et latinorum adhibitis praestantissimis editionibus, Leipzig 1920[6].

–, Patrum Apostolicorum Opera Fasc. II. Ignatii et Polycarpi epistulae martyria fragmenta, Leipzig 1876.

P. N. Harrison, Polycarp's two Epistles to the Philippians, Cambridge 1936.

C. J. Hefele, Patrum Apostolicorum opera, Tübingen 1847[3].

A. Hilgenfeld, Der Brief des Polykarpus an die Philipper, ZWTh 29, 1886, 180–206.

–, Ignatii Antiocheni et Polycarpi Smyrnaei epistulae et martyria, Berolini 1902.

W. Jacobson, S. Clementis Romani, S. Ignatii, S. Polycarpi, patrum apostolicorum, quae supersunt etc., 2 Bde., Oxford 1838.1863[4].

K. Lake, The Apostolic Fathers with an English Translation, LCL 1, London – Cambridge/Mass. 1965.

–, The Apostolic Fathers with an English Translation. In two volumes. I: I Clement, II Clement, Ignatius, Polycarp, Didache, Barnabas, LCL 24, London – Cambridge/Mass. 1977.

A. Lelong, Les Pères apostoliques III. Ignace d'Antioche et Polycarpe de Smyrne. Épîtres. Martyre de Polycarpe (Textes et documents pour l'étude historique du christianisme 12), Paris 1910.

–, Ignace de Antioche et Polycarpe. Texte grec, traduction française, introduction et index, Paris 1927[2].

J. B. Lightfoot, The Apostolic Fathers. Revised Texts with short Introductions and English Translations, edited and completed by J. R. Harmer, Grand Rapids/Michigan 1970.

–, The Apostolic Fathers, Bd. 3 Teil 2, London 1889[2] [Bd. II. Sect. 2, 1885] (Nachdr. Hildesheim – New York 1973 und Massachusetts 1989).

A. Lindemann – H. Paulsen, Die Apostolischen Väter. Griechisch-deutsche Parallelausgabe auf der Grundlage der Ausgaben von F. X. Funk, K. Bihlmeyer u. M. Whittaker, Tübingen 1992.

Β. Μουστάκη, Οἱ Ἀποστολικοὶ Πατέρες, Κείμενον-Μετάφρασις, Athen 1953.

M. J. Routh, Scriptorum Ecclesiasticorum opuscula praecipua quaedam. Recensuit notasque suas et aliorum addidit M. J. Routh. Gr. and Lat., 2 Bde., Oxford 1832.

D. Ruiz Bueno, Padres Apostólicos. Edición bilingüe completa. Introducciones, notas y versión española, BAC 65, Madrid 1967[2].

Th. Smith, S. Ignatii Epistulae genuinae. Accedunt acta martyrii S. Ignatii, epistola S. Polycarpi ad Philippenses etc. cum veteribus Latinis versionibus et annotationibus, Oxford 1707.

J. Usher, Polycarpi et Ignatii Epistolae, una cum vetere vulgata interpretatione latina. Accessit et Ignatianarum epistolarum versio antiqua alia, ex duobus manuscriptis in Anglia repertis, nunc primum in lucem edita. Quibus praefixa est, non de Ignatii solum et Polycarpi scriptis, sed etiam de Apostolicis constitutionibus et canonibus Clementi Romano tributis, Jacobi Usserii, Dissertatio, Oxford – London 1644–1647.

I. Vizzini, Ignatii et Polycarpi Epistolae, Bibliotheca Sanctorum Patrum, ser. I, vol. II, Rom 1902.

Τοῦ ἁγίου Πολυκάρπου ἐπισκόπου Σμίρνης καὶ Ἱερομάρτυρος πρὸς Φιλιππησίους ἐπιστολή, Βιβλιοθήκη Ἑλλήνων Πατέρων καὶ ἐκκλησιαστικῶν Συγγραφέων 3, Athen 1955.

2. Übersetzungen

deutsche:

H. U. v. Balthasar, Die Apostolischen Väter. Clemens von Rom, Ignatius von Antiochien, Polykarp von Smyrna, neu übers. u. eingel., CMe 24, Einsiedeln 1984.

W. Bauer, Die Briefe des Ignatius von Antiochia und der Polycarpbrief, HNT 2, Tübingen 1920.

Ben v. Bonheiden, Ignatius von Antiochïe, Zeven Brieven. Polycarpus van Smyrna, Brief en Martelaarsakte, door de Benedictinessen van Bonheiden, KVTC 2, Bonheiden Abdij Bethlehem 1981.

J. A. Fischer: siehe Ausgabe.

G. Krüger, in: E. Hennecke, Neutestamentliche Apokryphen in deutscher Übersetzung, Tübingen – Leipzig 1904; Tübingen 1924².

A. Lindemann – H. Paulsen: siehe Ausgabe.

H. Paulsen, Die Briefe des Ignatius von Antiochia und der Brief des Polykarp von Smyrna. 2. Aufl. der Auslegung von W. Bauer, HNT 18/2, Tübingen 1985.

H. Ristow, Die apostolischen Väter, ausgew. und übersetzt, Quellen 1, Berlin 1964.

F. Zeller, Die Apostolischen Väter. Aus dem Griechischen übersetzt, BKV² 35, Kempten – München 1918.

englische:

W. Burton, The Apostolic Fathers. Part II. The Epistles of St. Ignatius and St. Polycarp. With introductory Preface comprising a History of the Christian Church in the second Century, Ancient and Modern Library of Theological Literature, London o. J.

F. X. Glimm, in: ders. – J. M. F. Marique – G. G. Walsh, The Apostolic Fathers, FaCh, Washington 1981.

E. J. Goodspeed, The Apostolic Fathers. An American Translation, New York 1950.

R. M. Grant, Ignatius of Antioch, The Apostolic Fathers. A New Translation and Commentary, Bd. 4, New York 1966.

P. N. Harrison: siehe Ausgabe.

J. A. Kleist, The Didache; The Epistle of Barnabas; The Epistle and the Martyrdom of St. Polycarp; The Fragments of Papias; The Epistle to Diognetus, ACW 6, New York 1948.

K. Lake: siehe Ausgabe.

J. B. Lightfoot – J. R. Harmer: siehe Ausgabe.

A. Roberts – J. Donaldson – A. Cleveland Coxe, The Ante-Nicene Fathers Bd. 1, The Apostolic Fathers; Justin Martyr; Irenaeus, Translations of the Writings of the Fathers down to A. D. 325, Grand Rapids/Michigan 1981.

W. R. Schoedel, The Apostolic Fathers. A New Translation and Commentary, Bd. 5: Polycarp, Martyrdom of Polycarp, Fragments of Papias, London – Toronto 1967.

M. H. Shepherd, in: C. C. Richardson – E. R. Fairweather – Ed. R. Hardy – M. H. Shepherd, Early Christian Fathers. Newly Translated & edited, LCC 1, Philadelphia 1953.

J. N. Sparks, The Apostolic Fathers, Nashville 1978.

M. Staniforth, Early Christian Writings. The Apostolic Fathers, Harmondsworth, Penguin 1968; reed. New York 1986.

französische:

Th. Camelot, in: F. Louvel – L. Bouyer – C. Mondésert, Les Écrits des Pères Apostoliques, CTT 1, Paris 1963.

–, siehe Ausgabe.

–, Ignace d'Antioche, Lettres aux églises. Polycarpe de Smyrne, Lettre aux Philippiens. Le martyre de Polycarpe, FoiViv 162, Paris 1975.

H. Delafosse, Lettre de Polycarpe évêque catholique de Smyrne aux Philippiens, in: ders., Lettres d'Ignace d'Antioche, Les textes du Christianisme 2, Paris 1929.

A. Hamman (– F. Garnier), L'empire et la croix (Ichthys II), Paris 1957.

A. Lelong: siehe Ausgabe.

F. Queré, Les Pères apostoliques. Écrits de la primitive Église. Traduction et introduction, Collection Points. Série Sagasses 22, Paris 1980.

italienische:

P. Baldoncini P., Le lettre di S. Ignazio e di S. Policarpo. Vescovo di Smirne con l'omelia di S. Giovanni Crisostomo su S. Ignazio e gli atti del martirio di S. Policarpo. Traduzione dal greco con cenni biografici, Rom 1912.

G. Bosio: siehe Ausgabe.

G. Corti, I Padri Apostolici. Traduzione, introduzione e note, Rom 1967².

E. Logi, San Policarpo, Lettera ai Filippesi, ClCr, Siena 1929.

U. Moricca, Ignazio di Antiochia e Policarpo, vescovo di Smirne. Le lettere; Il martirio di Policarpo, QBil 10–12/1922, Rom 1923.

A. Quacquarelli, I Padri apostolici. Traduzione, introduzione e note, CTePa 5, Rom 1984⁴.

M. L. Taralba, Ignazio, Lettere. Lettera e Martirio di S. Policarpo, Turin 1945.

O. Tosti, Policarpo. Lettera ai Filippesi e Martirio del Santo, Rom 1946.

spanische:

J. J. A. Calvo: siehe Ausgabe.

J. Huber, Cartas de San Ignacio de Antioquía y de San Policarpo de Esmirna, Bilbao 1960².

D. Ruiz Bueno: siehe Ausgabe.

3. Monographien, Aufsätze, Hilfsmittel

K. Aland, Synopsis Quattuor Evangeliorum. Locis parallelis evangeliorum apocryphorum et patrum adhibitis, Stuttgart 1967 u. ö.

B. Altaner – A. Stuiber, Patrologie, Freiburg 1978⁸.

C. Andresen, Logos und Nomos. Die Polemik des Kelsos wider das Christentum, AKG 30, Berlin 1955.

–, Zum Formular frühchristlicher Gemeindebriefe, ZNW 56, 1965, 233–259.

E. Auerbach, Passio als Leidenschaft, in: Gesammelte Aufsätze zur romanischen Philologie, Bern – München 1967, 161–175.

H. Balz – G. Schneider (Hg.), Exegetisches Wörterbuch zum Neuen Testament, Bd. 1–3, Stuttgart 1980–1983.

O. Bardenhewer, Geschichte der altkirchlichen Literatur I, Freiburg i. Br. 1913².

H. J. Bardsley, The Testimony of Ignatius and Polycarp to the Writings of St. John, JThS 14, 1913, 207–220.

–, The Testimony of Ignatius and Polycarp to the Apostleship of St. John, JThS 14, 1913, 489–499.

L. W. Barnard, The Problem of St. Polycarp's Epistle to the Philippians, in: Studies in the Apostolic Fathers and their Background, Oxford 1966, 31–39.

G. J. M. Bartelink, Lexicologisch-semantische Studie over de Taal van de apostolische Vaders, Diss. Nijmegen 1952.

H.-W. Bartsch, Gnostisches Gut und Gemeindetradition bei Ignatius von Antiochien, BFChTh.M 44, Gütersloh 1940.

J. B. Bauer, Die Satorformel und ihr Sitz im Leben, Adeva-Mitteilungen 31, 1972, 7–14.

–, Vexierzitate, GrB 11, 1984, 269–281.

–, Bibeltheologisches Wörterbuch, Graz – Wien – Köln 1994[4].

W. Bauer, Das Leben Jesu im Zeitalter der ntl. Apokryphen, Tübingen 1909 (Nachdr. 1967).

–, Rechtgläubigkeit und Ketzerei im ältesten Christentum, BHTh 10, Tübingen 1964[2].

–, – K. Aland – B. Aland, Griechisch-deutsches Wörterbuch zu den Schriften des Neuen Testaments und der frühchristlichen Literatur, Berlin – New York 1988[6].

Th. Baumeister, Die Anfänge der Theologie des Martyriums, MBTh 49, Münster 1980.

F. C. Baur, Über den Ursprung des Episkopats in der christlichen Kirche, Tübingen 1838.

K. Baus, Der Kranz in Antike und Christentum, Theoph. 2, 1940, 113–142.170-190.

A. di Berardino, Dizionario patristico e di Antichità cristiana, 3 Bde., Turin 1983–1988.

K. Berger, Apostelbrief und apostolische Rede. Zum Formular frühchristlicher Briefe, ZNW 65, 1974, 190–231.

–, Die impliziten Gegner. Zur Methodik des Erschließens von „Gegnern" in neutestamentlichen Texten, in: Kirche (Festschr. G. Bornkamm), Tübingen 1980, 373–400.

H. W. Beyer – H. Karpp, Bischof, RAC 2, 1954, 394–407.

K. Beyer, Die aramäischen Texte vom Toten Meer, Göttingen 1984.

Biblica Patristica 1–5, Paris 1975–1991.

A. Bisping, Exegetisches Handbuch zu den Briefen des Apostels Paulus II/1, Münster 1857.

A. Blaise, Dictionnaire latin-français des auteurs chrétiens, Paris 1954.

F. Blass – A. Debrunner – F. Rehkopf, Grammatik des neutestamentlichen Griechisch, Göttingen 1975[14].

B. Bonkamp, Die Psalmen, Freiburg i. Br. 1949.

R. Borger, Ein Brief Sîn-idinnams von Larsa an den Sonnengott sowie Bemerkungen über „Joins" und das „Joinen", NAWG.PH 2, 1991.

G. Bosio – E. dal Covolo – M. Maritano, Introduzione ai padri della chiesa. Secoli I e II. Prefazione di F. Bolgiani, Turin 1990.

A. Bovon-Thurneysen, Ethik und Eschatologie im Philipperbrief des Polycarp von Smyrna, ThZ 29, 1973, 241–256.

F.-M. Braun, Jean le théologien et son évangile dans l'église ancienne, Paris 1959.

A. J. Brekelmans, Märtyrerkranz, AnGr 150, Rom 1965.

N. Brox, Zeuge und Märtyrer. Untersuchungen zur frühchristlichen Zeugnis-Terminologie, StANT 5, München 1961.

–, Die Pastoralbriefe, RNT, Regensburg 1989[5].

–, Der Hirt des Hermas, KAV 7, Göttingen 1991.

–, Der erste Petrusbrief, EKK XXI, Neukirchen – Einsiedeln 1993[4].

H. von Campenhausen, Kirchliches Amt und geistliche Vollmacht in den ersten drei Jahrhunderten, BHTh 14, Tübingen 1963².

–, Polykarp von Smyrna und die Pastoralbriefe, in: Aus der Frühzeit des Christentums, Tübingen 1963, 197–252.

–, Die Entstehung der christlichen Bibel, BHTh 39, Tübingen 1968.

F. Conca, Lessico dei Romanzieri greci I, A-Γ Milano 1983; II, Δ-I Hildesheim 1989.

Y. Congar, Souci du salut des paiens et conscience missionnaire dans le Christianisme postapostolique et préconstantinien, in: Festschr. J. Quasten Bd. 1, München 1970, 3–11.

N. A. Dahl, Der Erstgeborene Satans und der Vater des Teufels (Polyk. VII,1 und Joh VIII,44), in: Apophoreta (Festschr. E. Haenchen), BZNW 30, Berlin – New York 1964, 70–84.

D. van Damme, Polycarpe, DSp 12/2, 1986, 1902–1908.

E. Dassmann, Zur Entstehung des Monepiskopats, JAC 17, 1974, 74–90.

–, Der Stachel im Fleisch. Paulus in der frühchristlichen Literatur bis Irenäus, Münster 1979.

B. Dehandschutter, Polycarp's Epistle to the Philippians. An Early Example of „Reception", in: J.-M. Sevrin, The New Testament in Early Christianity, BEThL 86, Leuven 1989, 275–291.

A. Deissmann, Licht vom Osten. Das Neue Testament und die neuentdeckten Texte der hellenistisch-römischen Welt, Tübingen 1923⁴.

M. Dibelius, Die Briefe des Apostels Paulus an Timotheus I. II, an Titus, HNT III/2, Tübingen 1913.

–, An die Thessalonicher I. II. An die Philipper, HNT 11, Tübingen 1925².

E. v. Dobschütz, Eberhardt Nestle's Einführung in das griechische Neue Testament, Göttingen 1923⁴.

F. J. Dölger, Antike und Christentum. Kultur- und religionsgeschichtliche Studien, Bd. 1–6, Münster 1940–1950 (Nachdr. 1974–1976).

H. R. Drobner, Lehrbuch der Patrologie, Freiburg 1994.

H. Ebeling, Griechisch-deutsches Wörterbuch zum Neuen Testament, Hannover – Leipzig 1913.

J. Fessler – B. Jungmann, Institutiones Patrologiae I, Innsbruck 1890.

J. A. Fischer, Die ältesten Ausgaben der Patres Apostolici. Ein Beitrag zu Begriff und Begrenzung der Apostolischen Väter, HJ 94, 1974, 157–190; HJ 95, 1977, 88–119.

–, [Rez. zu: H. Paulsen, HNT 18/2], ThRev 82, 1986, 461 f.

J. A. Fitzmyer, The Dead Sea Scrolls. Major Publications and Tools for Study. Revised Edition, Atlanta – Giorgia 1990.

P. M. Fraser – E. Matthews, A Lexicon of Greek Personal Names, Bd. 1, Oxford 1987.

H. J. Frede, Kirchenschriftsteller. Verzeichnis und Sigel, VL 1/1, Freiburg 1981³.

–, Kirchenschriftsteller. Aktualisierungsheft 1984, VL 1/1A, Freiburg 1984.

–, Kirchenschriftsteller. Aktualisierungsheft 1988, VL 1/1B, Freiburg 1988.

F. X. Funk, Der Codex Vaticanus gr. 859 und seine Descendenten, ThQ 62, 1880, 629–637.

–, Die Echtheit der Ignatianischen Briefe aufs Neue vertheidigt, Tübingen 1883.

G. Ghedini, Lettere Cristiane dai papiri greci del III e IV secolo, Aeg. 3, Mailand 1923.

U. Gleßmer, Liste der biblischen Texte aus Qumran, RQ 16/62, 1993, 153–192.

F. X. Gokey, The Terminology for the Devil and Evil Spirits in the Apostolic Fathers, PatSt 93, Washington 1961.

E. Grässer, An die Hebräer, EKK XVII/1, Zürich u. a. 1990.

R. M. Grant, After the New Testament, Philadelphia o. J.

H. Grégoire – P. Orgels, La véritable date du martyre de S. Polycarpe (23 février 177) et le ‚Corpus polycarpianum', AnBoll 69, 1951, 1–38.

A. Grillmeier, Jesus der Christus im Glauben der Kirche, Bd. 1, Freiburg 1979.

E. Haenchen, Die Apostelgeschichte, Göttingen 1968[6].

A. P. O'Hagan, Material Re-Creation in the Apostolic Fathers, TU 100, Berlin 1968.

A. von Harnack, Die Zeit des Ignatius und die Chronologie der antiochenischen Bischöfe bis Tyrannus nach Julius Africanus und den späteren Historikern, Leipzig 1878.

–, Die Überlieferung und der Bestand der altchristlichen Literatur bis Eusebius I/1, Leipzig 1893.

–, Patristische Miscellen, TU 20/3, Berlin 1899, 70–148.

–, Lehrbuch der Dogmengeschichte, Bd. 1, Tübingen 1909[4].

–, Entstehung und Entwicklung der Kirchenverfassung und des Kirchenrechts in den zwei ersten Jahrhunderten, Leipzig 1910.

–, Marcion. Das Evangelium vom fremden Gott, TU 45, Leipzig 1924.

–, Die Mission und Ausbreitung des Christentums in den ersten drei Jahrhunderten, Bd. 1/2, Leipzig 1924[4].

–, Die Briefsammlung des Apostels Paulus und die anderen vorkonstantinischen christlichen Briefsammlungen, Leipzig 1926.

–, Geschichte der altchristlichen Literatur, I/1; II/1, Leipzig 1958[2].

P. N. Harrison, Polycarp's two Epistles to the Philippians, Cambridge 1936.

J. M. Heer, Die Versio Latina des Barnabasbriefes, Freiburg i. Br. 1908.

A. Heitmann, Imitatio Dei. Die ethische Nachahmung Gottes nach der Väterlehre der ersten zwei Jahrhunderte, Rom 1940.

K. Holl, Fragmente vornicänischer Kirchenväter aus den Sacra Parallela, TU 5/2, Leipzig 1899.

D. L. Holland, Παντοκράτωρ in New Testament and Creed, TU 112, Berlin 1973, 256–266.

H. J. Holtzmann, Das Verhältnis des Johannes zu Ignatius und Polycarp, ZWTh 20, 1877, 187–214.

H. Hommel, Schöpfer und Erhalter. Studien zum Problem Christentum und Antike, Berlin 1956.

A. Huck – H. Greeven, Synopse der drei ersten Evangelien mit Beigabe der johanneischen Parallelstellen. Synopsis of the first three Gospels with the Addition of the Johannine Parallels, Tübingen 1981[13].

R. Joly, Le dossier d'Ignace d'Antioche (Université libre de Bruxelles 69), Brüssel 1979.

H. Jordan, Geschichte der altchristlichen Literatur, Leipzig 1911.

E. Klaar, Πλεονεξία – ἕκτης – εκτεῖν, ThZ 10, 1954, 395–397.

J. Klevinghaus, Die theologische Stellung der Apostolischen Väter zur alttestamentlichen Offenbarung, BFChTh 44/1, Gütersloh 1948.

H. Koch, Cyprianische Untersuchungen. Arbeiten zur Kirchengeschichte 4, Bonn 1926.

H. Köster, Synoptische Überlieferung bei den Apostolischen Vätern, TU 65, Berlin 1957.

H. Korn, Die Nachwirkungen der Christusmystik des Paulus in den Apostolischen Vätern, Diss. theol., Borna – Leipzig 1928.

G. W. H. Lampe, A Patristic Greek Lexicon, Oxford 1968.

E. Lehmann – H. Haas (Hg.), Textbuch zur Religionsgeschichte, Leipzig – Erlangen 1922.

J. Liébaert, Les enseignements moraux des pères apostoliques, Gembloux 1970.

S. Lundström, Lexicon errorum interpretum Latinorum, SLatU 16, Uppsala 1983.

U. Luz, Erwägungen zur Entstehung des „Frühkatholizismus". Eine Skizze, ZNW 65, 1974, 88–111.

–, Das Evangelium nach Matthäus, EKK I/1, Zürich u. a. 1992³.

H. O. Maier, Purity and Danger in Polycarp's Epistle to the Philippians: The Sin of Valens in Social Perspective, Journal of Early Christian Studies 1, 1993, 229–247.

H. Marti, Übersetzer der Augustin-Zeit. Interpretation von Selbstzeugnissen, STA 14, München 1974.

J. P. Martin, Il rapporto tra Pneuma ed Ecclesia nella letteratura dei primi secoli cristiani, Aug. 20, 1980, 471–483.

É. Massaux, Influence de l'Évangile de saint Matthieu sur la littérature chrétienne avant saint Irénée, Louvain – Gembloux 1950.

E. Mayser, Grammatik der griechischen Papyri aus der Ptolemäerzeit, 2 Bde., Berlin – Leipzig 1906.1926.

M. Mees, Außerkanonische Parallelstellen zu den Herrenworten und ihre Bedeutung, Bari 1975.

P. Meinhold, Studien zu Ignatius von Antiochien, VIEG 97, Wiesbaden 1979.

–, Polykarpos, PRE 21/1, 1952, 1662–1693.

J. Michl, Die katholischen Briefe, RNT, Regensburg 1968².

J. Neumann, Der theologische Grund für das kirchliche Vorsteheramt nach dem Zeugnis der Apostolischen Väter, MThZ 14, 1963, 253–265.

The New Testament in the Apostolic Fathers, Hg.: A Committee of the Oxford Society of Historical Theology, Oxford 1905.

K. Niederwimmer, Die Didache, KAV 1, Göttingen 1993².

C. M. Nielsen, Polycarp, Paul and the Scriptures, AThR 47, 1965, 199–216.

E. Norden, Die antike Kunstprosa. Vom VI. Jhdt. v. Chr. bis in die Zeit der Renaissance, Darmstadt 1958⁵.

F. W. Norris, Ignatius, Polycarp and I Clement: Walter Bauer Reconsidered, VigChr 30, 1976, 23–44.

A. Orbe, Cristología Gnóstica, 2 Bde., Madrid 1976.

A. Otto, Die Sprichwörter und sprichwörtlichen Redensarten der Römer, Leipzig 1890 (Nachdr. Hildesheim 1962).

L. Padovese, Introduzione alla teologia patristica, Turin 1992.

O. Perler, Der Bischof als Vertreter Christi nach den Dokumenten der ersten Jahrhunderte, in: Y. Congar (Hg.), Das Bischofsamt und die Weltkirche, Stuttgart 1964, 35–73.

R. Pesch, Die Apostelgeschichte, 2 Bde., EKK V, Zürich u. a. 1986.

E. Peterson, Frühkirche, Judentum und Gnosis. Studien und Untersuchungen, Rom – Freiburg – Wien 1959.

H. Piesik, Die Bildersprache der Apostolischen Väter, Diss. phil., Bonn 1961.

F. Preisigke (Hg.), Sammelbuch Griechischer Urkunden aus Ägypten Bd. 1, Straßburg 1915 u. folg. Bde.

–, Wörterbuch der griechischen Papyrusurkunden mit Einschluß der griechischen Inschriften, Aufschriften, Ostraka, Mumienschilder usw. aus Ägypten, 2 Bde., Berlin 1925/1927. Supplement 1 (1940–1966), hg. v. E. Kießling, Amsterdam 1971.

P. Prigent, L'Hérésie asiate et l'Église confessante, VigChr 31, 1977, 1–22.

F. R. Prostmeier, Zur handschriftlichen Überlieferung des Polykarp- und des Barnabasbriefes. Zwei nicht beachtete Deszendenten des Cod. Vat. gr. 859, VigChr 48, 1994, 48–64.

J. Quasten, Patrology, Bd. 1, Utrecht – Brüssel 1950.

–, Patrología, Madrid 1968².

L. Radermacher, Neutestamentliche Grammatik. Das Griechisch des Neuen Testaments im Zusammenhang mit der Volkssprache, HNT 1, Tübingen 1925².

A. Rahlfs, Psalmi cum Odis, Göttingen 1967.

H. Rahner, Kirche und Staat im frühen Christentum, München 1961.

–, Symbole der Kirche. Die Ekklesiologie der Väter, Salzburg 1964.

Reallexikon für Assyriologie, hg. v. E. Ebeling – B. Meissner, Bd. 1, Berlin – Leipzig 1932.

H. Reinhold, De graecitate patrum apostolicorum librorumque apocryphorum Novi Testamenti quaestiones grammaticae, Dissertationes philologicae Halenses 14/1, Halle 1898.

A. Resch, Außerkanonische Paralleltexte zu den Evangelien, 1. Teil: Textkritische und quellenkritische Grundlegungen. Paralleltexte zu Matthäus und Marcus, TU 10/1, Berlin 1893/94.

–, Außerkanonische Paralleltexte zu den Evangelien, 2. Teil: Paralleltexte zu Lucas, TU 10/2, Berlin 1895.

–, Außerkanonische Paralleltexte zu den Evangelien, 3. Teil: Paralleltexte zu Johannes, TU 10/3, Berlin 1896/97.

–, Agrapha, TU 15/3.4, Berlin 1906².

J. Rius-Camps, La Carta de Policarpo a los Filipenses, ¿ aval de la recopilación „Policarpiana" o credenciales del nuevo obispo Crescente?, in: E. Romero Pose (Hg.), Pléroma. Salus Carnis (Homenaje a Antonio Orbe SJ), Santiago de Compostela 1990, 141–171.

H. Rönsch, Itala und Vulgata. Das Sprachidiom der urchristlichen Itala und der katholischen Vulgata unter Berücksichtigung der römischen Volkssprache, München 1965.

J. Roloff, Der erste Brief an Timotheus, EKK XV, Zürich u. a. 1988.

K. Rudolph, Die Gnosis, Göttingen 1990³.

P. Sabatier, Bibliorum sacrorum latinae versiones antiquae seu vetus Italica, 3 Bde., Reims 1743 (Nachdr. Turnhout 1976).

M. H. Shepherd, Smyrna in the Ignatian Letters. A Study in Church Order, JR 20, 1940, 141–159.

G. Schille, Die Apostelgeschichte des Lukas, Berlin 1983.

J. F. Schleusner, Novus Thesaurus philologico-criticus sive Lexicon in LXX et reliquos interpretes graecos ac scriptores apocryphos Veteris Testamenti, 4 Bde., Leipzig 1820/21.

J. Schmid, Das Evangelium nach Lukas, Regensburg 1955³.

W. Schmid – O. Stählin, Geschichte der griechischen Literatur, HAW VII 2/2, München 1924⁸ (Nachdr. 1961).

J. H. H. Schmidt, Synonymik der griechischen Sprache III, Leipzig 1879.

J. Schneider, Brief, RAC 2, 1954, 564–585.

W. R. Schoedel, Die Briefe des Ignatius von Antiochien. Ein Kommentar. Aus dem amerikanischen Englisch übersetzt von G. Koester, München 1990.

G. Schöllgen, Didache. Zwölf-Apostel-Lehre. Übersetzt und eingeleitet, FC 1, Freiburg i. Br. u. a. 1991, 9–139.

L. Schottroff, Die Befreiung vom Götzendienst der Habgier, in: L. u. W. Schottroff

(Hg.), Wer ist unser Gott? Beiträge zu einer Befreiungstheologie im Kontext der „ersten" Welt, München 1986, 137–152.

W. Schrage, Die „Katholischen" Briefe. Die Briefe des Jakobus, Petrus, Johannes und Judas. Übers. und erklärt von H. Balz – W. Schrage, NTD 10, Göttingen 1973[11].

–, Der erste Brief an die Korinther, EKK VII/1, Zürich u. a. 1991.

O. Schroeder, Briefe, Reallexikon für Assyriologie 2, 1938, 64 f.

J.-M. Sevrin, The New Testament in Early Christianity. La réception des écrits néotestamentaires dans le christianisme primitif, BEThL 86, Leuven 1989.

H. J. Sieben, Voces. Eine Bibliographie zu Wörtern und Begriffen aus der Patristik (1918 bis 1978), Berlin – New York 1980.

A. Siegmund, Die Überlieferung der griechischen christlichen Literatur in der lateinischen Kirche bis zum 12. Jahrhundert, ABBA 5, München 1949.

H. Solin, Beiträge zur Kenntnis der griechischen Personennamen in Rom I, Commentationes Humanarum Litterarum 48, 1971.

–, Die griechischen Personennamen in Rom. Ein Namenbuch, Bd. 2, Berlin 1982.

E. A. Sophocles, Greek Lexicon of the Roman and Byzantine Periods, Cambridge – Leipzig 1914 (Nachdr. Hildesheim – New York 1975).

C. Spicq, L'Épître aux Hébreux, Paris 1953.

–, Notes de Lexicographie néo-testamentaire, OBO 22/1.22/2.22/3, Göttingen 1978–1982.

P. Steinmetz, Polykarp von Smyrna über die Gerechtigkeit, Hermes 100, 1972, 63–75.

G. Strecker, Die Johannesbriefe, KEK 14, Göttingen 1989.

T. F. Torrance, The Doctrine of Grace in the Apostolic Fathers, Edinburgh – London 1948.

E. Tov, Textual Criticism of the Hebrew Bible, Minneapolis – Assen – Maastricht 1992.

J. Ch. Trench, Synonyma des NT, Tübingen 1907.

N. Turner, A Grammar of New Testament Greek, Bd. 3 Syntax, Edinburgh 1963.

L. Vaganay, L'Évangile de Pierre, Paris 1930.

Ph. Vielhauer, Geschichte der urchristlichen Literatur, Berlin 1975.

–, Oikodome. Das Bild vom Bau in der christlichen Literatur vom Neuen Testament bis Clemens Alexandrinus, in: Oikodome. Aufsätze zum Neuen Testament 2, 1979, 1–168.

A. Vögtle, Die Tugend- und Lasterkataloge im NT, Münster 1936.

D. Völter, Polykarp und Ignatius und die ihnen zugeschriebenen Briefe (Die apostolischen Väter neu untersucht II/2), Leiden 1910.

C. A. Wahl, Clavis librorum Veteris Testamenti apocryphorum philologica. Indicem verborum in libris pseudepigraphis usurpatorum adjecit J. B. Bauer, Graz 1972.

K. Wengst, Didache (Apostellehre). Barnabasbrief. Zweiter Klemensbrief. Schrift an Diognet, SUC 2, Darmstadt 1984.

J. J. Wettstein, Novum Testamentum Graecum I/II, Amsterdam 1751 (Nachdr. Graz 1961).

S. Wibbing, Die Tugend- und Lasterkataloge im NT und ihre Traditionsgeschichte, BZNW 25, Berlin 1959.

K. M. Woschitz, Elpis – Hoffnung. Geschichte, Philosophie, Exegese. Theologie eines Schlüsselbegriffs, Wien 1979.

A. S. van der Woude, Fünfzehn Jahre Qumranforschung (1974–1988), ThRu 55, 1990.

G. Wustmann, Die Heilsbedeutung Christi bei den apostolischen Vätern, BFChTh IX/2.3, Gütersloh 1905.

F. Wutz, Das Buch Job, Stuttgart 1939.

K. Ziegler – W. Sontheimer – H. Gärtner (Hg.), Der Kleine Pauly. Lexikon der Antike, 5 Bde., Stuttgart 1964–1975.

F. Zorell, Novi Testamenti Lexicon Graecum, Paris 1911; 1990[4].

Anhang

Die im folgenden nachgedruckte Edition der alten lateinischen Übersetzung der Polykarpbriefe von F. X. Funk[1] beruht auf vier Handschriften:

> f = Parisinus 1639 s. XII.
> o = Oxoniensis Collegii Baliolensis 229 s. XII.
> p = Palatinus Vaticanus s. XIV.
> v = Regius 81 Vaticanus s. IX.
> mit G wird der griechische Text bezeichnet.

f und o sind von Funk selbst, p und v von L. Schnell (seinerzeit Kaplan an der deutschen Nationalkirche Anima in Rom) kollationiert worden.[2] Weiteres siehe oben im Kapitel „Die alte lateinische Übersetzung" (Einleitung § 5). Von Th. Zahns Ausgabe weicht die F. X. Funks nach eigenen Angaben[3] an neun Stellen ab: nämlich 2,1.3; 3,2.3; 5,1.3 (bis); 9,2; 14. An vier Stellen beschränkt sich die Abweichung auf die Wortstellung. Zutreffend erklärt A. Hilgenfeld[4]: „Mir scheint die lateinische Übersetzung, für welche nach der ältesten Hs. v namentlich p in Betracht kommt, doch mehr als ein bloßer Lückenbüsser, wie man sie anzusehen pflegt, zu sein und das Griechische mehr als einmal zu berichtigen." Aus diesem Grund geben wir sie hier wieder, zumal sie in den gängigen Handausgaben nicht enthalten ist.

---

[1] F.X. Funk, Die Echtheit der Ignatianischen Briefe aufs Neue vertheidigt, Tübingen 1883, 205–212.

[2] Ebd. 150.

[3] Ebd.

[4] ZWTh 29, 1886, 184; ähnlich hatte schon Lightfoot, The Apostolic Fathers [2]II/3, 317 geurteilt.

Epistola

B. Polycarpi episcopi Smyrnaeorum discipuli Iohannis evangelistae ad Philippenses confirmantis fidem eorum.

Policarpus et qui cum eo sunt presbyteri ecclesiae Dei, quae est Philippis;
5 misericordia vobis et pax a Deo omnipotente et Iesu Christo salvatore nostro
abundet.

I. Congratulatus sum vobis magnifice in Domino nostro Iesu Christo, suscipiens imitabilia verba dilectionis, quam ostendistis in illis qui praemissi sunt viris
sanctis, decorosis vinculis connexis, quae sunt coronae electae Deo, illius veri
10 regni, per Dominum nostrum Iesum Christum; 2. et quia firmitas fidei vestrae a
principio usque nunc permanet et fructificat in Domino nostro Iesu Christo, qui
sustinuit pro peccatis nostris usque ad mortem, *quem resuscitavit Deus, dissol-*
vens dolores inferni; 3. quem cum non videritis, nunc diligitis, in quem nunc non
aspicientes creditis, credentes autem gaudebitis gaudio inenarrabili et glorificato;
15 in quod multi desiderant introire, scientes, quia *gratia salvi facti estis, non ex*
operibus, sed in voluntate Dei per Iesum Christum.

II. *Propter quod succincti lumbos vestros servite Deo cum timore* et in veritate,
dimisso inani vaniloquio et multo errore. *Credite in illum, qui resuscitavit*
Dominum nostrum Iesum Christum ex mortuis, et dedit ei gloriam et sedem in
20 dextera sua; cui subiecta sunt omnia caelestia et terrestria et subterranea, cui
omnis spiritus servit, qui venturus est iudicare vivos et mortuos, cuius sangui-
nem requiret Deus ab eis, qui non crediderunt in eum; 2. qui et resuscitavit eum a
mortuis, qui et nos resuscitaturus est in vita, si fecerimus voluntatem eius et
ambulaverimus in mandatis ipsius et dilexerimus, quae ipse dilexit, abstinentes
25 nos ab omni iniustitia, hoc est a concupiscentia, ab avaritia, a detractione, a falso
testimonio; *non reddentes malum pro malo, aut iniuriam pro iniuria,* aut con-
tumeliam pro contumelia, aut maledictum pro maledicto. 3. Mementote, quod

---

Tit. 1. 1. *epistola:* praem *incipit* p v | 2. *beati* c. p v: *sancti* o, om f | *episc. Smyrnaeorum* c. f
p (hic praem *martyris):* Smyrnaeorum ecclesiae episc. v, episc. et martiris o | *disc.* (add *sancti* o)
Ioh. evang. c. f o p: om v | 3. *conf. fidem eorum* c. p v: om f o

Inscr. 4. *Philippis* c. p v: *Philippensis* f o

I, 1. 7. *congratulatus: congratus* p | 8. *imitabilia: mirabilia* o | *ostendistis* c. f o v: *ostendis* p
| 9. *connexis* c. f o: *connexi* p v

2. 10. *fidei vestrae* c. p v: *v. fid.* f o | 11. *nostro* c. v. coll G: om f o p – Act. 2, 24.

3. 15. *quod* c. f o: *quem* p v | *salvi facti estis* c. f o: *s. estis f.* v, *estis s. f.* p – I Petr. 1, 8. 12.
Eph. 2, 8. 9.

II, 1. 17. *Deo* c. p v: *Domino* f o | *veritate* c. f o v: *vanitate* p | 18. *inani* c. f o: om p v |
vaniloquo p | *multo* c. codd: fortasse interpres *multorum* (τῶν πολλῶν) scripsit et illa lectio
inde explicanda est, quod librarius compendium (*multoῤ*) neglexit | *credite* c. p v: add *ergo* f o
| 19. *ei* c. f o p: om v | 20. *cui* c. p v: *huic* f o | 21. *servit: deservit* p | *cuius* c. p v: *huius* f o
| 22. *requiret* c. p: *requirit* f o v – I Petr. 1, 13. Ps. 2, 11. I Petr 1, 21.

2. 24. *ipsius: eius* o | *quae* c. f v: *quae et* o, *quem* p | 25. *a detractione* c. f o v: *ac detr.* p –
I Petr. 3, 9.

Dominus docens dixit: *Nolite iudicare, ne iudicemini; dimittite, et dimittetur vobis; miseremini, et Dominus miserebitur vestri; qua enim mensura mensi fueritis, eadem remetietur vobis;* et quod dictum est: *Beati pauperes spiritu,* et *qui persecutionem patiuntur propter iustitiam, quoniam ipsorum est regnum caelorum.* 30

III. Haec autem, fratres mei, non a meipso imperans scribo vobis de iustitia, sed quoniam vos provocastis; 2. propter quod neque ego, neque alius similis mei poterit sequi sapientiam beati et gloriosi Pauli, qui fuit apud vos et visus est 35 secundum faciem illis qui tunc erant hominibus; qui docuit certissime atque firmissime verbum veritatis; qui et absens scripsit vobis epistolas, ad quas deflectamini, ut possitis aedificari in fide, quae data est vobis; 3. *quae est mater omnium nostrum,* subsequente spe, praecedente dilectione, quae est in Deo et in Christo et in proximo. Si enim quis horum intrinsecus repletus fuerit mandatis 40 iustitiae et habuerit dilectionem, longe est ab omni peccato.

IV. *Principium autem omnium malorum avaritia est.* Scitote ergo, quia *nihil intulimus in hunc mundum neque auferre possumus.* Armemur armis iustitiae et doceamus nosmet ipsos primum ambulare in mandatis Domini; 2. et post haec etiam mulieres vestras in fide, quae data est eis, et dilectione et castitate, amantes 45 suos viros in omni veritate et caritate, diligentes omnes aequaliter in omni continentia, et filios erudire in disciplina et timore Dei. 3. Viduae vero pudicae circa fidem Dei interpellent incessanter pro omnibus, elongantes se ab omnibus diabolicis detractionibus et falso testimonio et ab omni malo; cognoscentes se ipsas, quia sunt sacrarium Dei, quoniam omnia Deus prospicit et nihil eum latet, 50 neque cogitatio neque conscientia neque aliquod abditum cordis.

V. Scientes ergo, quia *Deus non deridetur,* debemus digne in mandatis eius et gloria ambulare. 2. Similiter diaconi inculpabiles sint in conspectu eius iustitiae, sicut Dei et Christi ministri et non hominum, non criminatores, non detractores, neque avari, sed omnia tolerantes, in omnibus misericordes diligentes in omni- 55 bus, ambulantes in veritate Domini, qui factus est minister omnium, cui si complaceamus in hoc saeculo, percipiemus ea, quae futura sunt, secundum quod

---

3. 29. *vestri* c. f o v: *vobis* p | 30. *eadem remetietur* c. o p v: *rem. eadem* f | *et quod* c. p v: *mementote et illud quod* f o | *spiritu* c. f o v: *praem in* p – Matth. 7, 1. 2. Luc. 6, 36–38. Luc. 6, 2. Matth. 5, 3. 10.

III, 1. 33. *imperans* c. codd: *impetrans* erat in v, sed *t* est erasum

2. 34. *alius similis* c. p v: *sim. alius* f o | *mei: mihi* p | 37. *firmissime:* om o | *scripsit: scribo* p | 38. *deflectamini* c. p cf. 5, 2; 10, 2 *deflectimini* f o v

3. 39. *nostrum* c. f o: *vestrum* (v̄r̄m̄) v, *vestrorum* p | 39 sq. *et in Christo:* om o – Gal. 4, 26.

IV, 1. 42. *avaritia est* c. p: *est av.* f o v | *ergo* c. p: *autem* f o v | 44. *nosmet: nos* p – I Tim. 6, 10. 7.

2. 45. *etiam* c. p: *autem* v, om f o

3. 48. *circa fidem Dei:* om v | *elongantes se* c. f o v: *se elong.* p | 50. *omnia: omnium* v | 51. *aliquod: aliud* v

V, 1. 52. *ergo* c. p: *autem* f o v | *deridetur* c. p: *irridetur* f o v Vulg. – Gal. 6, 7.

2. 53. *eius iustitiae* c. p: *iust. eius* f o v | 54. *non detractores* c. f o v: *neque detr.* p | 56 sq. *cui si complaceamus* c. p v: *huic si placemus* f o | 57. *quod* c. p v: add *et* f o |

promisit resuscitare nos a mortuis; et si digne eo conversati fuerimus, et si crediderimus, conregnabimus cum eo. 3. Iuvenes similiter inculpabiles sint in
60　omnibus, omnem ignorantiam providentes refrenantes semet ipsos ab omni malo. Bonum est enim abscidi ab omnibus concupiscentiis mundi, quoniam omnis *concupiscentia adversus spiritum militat,* quia *neque fornicarii neque molles neque masculorum concubitores regnum Dei possidebunt,* neque illicita facientes. Propter quod abstineri oportet ab omnibus his. Subiecti estote presby-
65　teris et diaconis sicut Deo et Christo. Virgines autem in immaculata et casta conscientia ambulare.

　　VI. Et presbyteri simplices, in omnibus misericordes, omnes ab errore convertentes, omnes infirmos visitantes, viduas et pupillos et pauperes non negligentes, sed semper *providentes bona coram Deo et hominibus.* Abstinete vos ab
70　omni iracundia, a iudicio iniusto; longe estote ab omni avaritia. Non cito consentiatis adversus aliquem, ne praevaricemini in iudicio, scientes, quia debitores sumus peccati. 2. Si ergo deprecamur Dominum, ut nobis dimittat, debemus etiam nos dimittere; ante conspectum enim oculorum Dei sumus, et *omnes oportet astare ante tribunal Christi et unumquemque pro se rationem reddere.* 3.
75　Sic ergo serviamus ei cum timore et omni reverentia secundum quod evangelizaverunt nobis apostoli Domini (et prophetae annuntiaverunt adventum Domini nostri Iesu Christi), zelantes bona, abstinentes vos ab scandalis et falsis fratribus et qui in hypocrisim portant nomen Domini, qui aberrare faciunt inanes homines.
80　　　VII. Omnis enim, *qui non confitetur Iesum Christum in carne venisse, hic antichristus est;* et qui non confitetur martyrium crucis, ex diabolo est; et qui deviaverit eloquia Domini ad propria desideria, et dixerit neque resurrectionem neque iudicium esse, hic primogenitus est Satanae. 2. Propter quod relinquentes vanitatem multorum et falsas doctrinas, ad illud quod traditum est nobis a
85　principio verbum revertamur, *sobrii in orationibus* et ieiunia tolerantes, suppli-

---

58. *promisit: repromisit* o | *resuscitare nos: nos res.* v | *eo* c. p v: *in eo* f o

　　3. 60. *providentes* c. f o v: *praevidentes* p | *semet* c. p v: *se* f o | 61. *mundi* c. p v: om f o | 62. *spiritum* c. f o p : *Christum* v | 64. *propter quod* c. f o v: *propt* p, *propterea* p** | *abstinere* f | 65. *diaconis: diaconibus* v | *autem* c. p v: om f o | *immaculata* c p: om f o v | *et* c. p v: om f o | 66. *ambulare* c. p v: *ambulate* f (?) o – I Petr. 2, 11. I Cor. 6, 9. 10.

　　VI, 1. 67. *et* c. p v: om f o | *simplices* c. p v: add *sint* f o | 68. *viduas et* c. p v: *viduas* f o | 69. *vos* c. f o v: om p | 70. *a iudicio: ab iudicio* p | *estote* h. l. c. p v: post *avaritia* f o – Prov. 3, 4.

　　2. 73 sq. *ante conspectum – rationem reddere* h. l. c. f o v: post *Iesu Christi* v. 3 p | *Dei* c. f o v: *Domini* p (v. 3) | *omnes* c. p v: add *nos* f o – Rom. 14, 10. 12.

　　3. 75. *sic* em coll G: *si* p v, om f o | *ergo serviamus* c. p v: *serv. ergo* f o | *omni* c. p v: om f o | 76. *nobis: vobis* o | *annuntiaverunt* c. f o v: add *nobis* p | 77. *abstinentes* c. p v: *abstinete* f o | *ab* c. f v: *a* o p | 78. *et qui* c. p v: *qui* f o | *in hypocrisim (ipocresin) portant* c. p: *in vanum* p. f o, *important* v | *aberrare* c. p: *oberrare* f o v

　　VII, 1. 81. *martyrium* c. p: *mysterium* f o, *mist.* v | 82. *Domini* c. f o p: *Dei* v | 83. *est Satanae* c. f o p: *Sat. est* v – I Ioann. 4, 2. 3. II Ioann. 7.

　　2. 84. *vanitatem* c. p v: *vanitates* f o | *nobis* c. f p: *vobis* o v | 85. *verbum: verborum* p | *sobrii* c. p v: add *simus* f o | *et ieiunia* c. p v: *ieiunia* f o | *supplicationibus:* praem *et* f o |

cationibus petentes omnium prospectorem Deum, *ne nos inducat in temptatio-nem*, secundum quod dixit Dominus: *Spiritus quidem promptus est, caro autem infirma.*

VIII. Indeficienter ergo toleremus propter spem nostram et pignus iustitiae, quod est Iesus Christus, *qui sustulit peccata nostra in corpore suo super lignum,* 90 *qui peccatum non fecit, nec inventus est dolus in ore eius;* sed propter nos omnia sustinuit ut vivamus in ipso. 2. Imitatores ergo efficiamur tolerantiae eius, et si passi fuerimus pro nomine eius, glorificemus eum. Hoc enim nobis indicium posuit de se ipso, et nos hoc credidimus.

IX. Rogo igitur omnes vos, insistere verbo iustitiae et patientiae, quam et 95 oculata fide vidistis, non solum in his beatissimis, Ignatio scilicet et Zosimo et Rufo, sed et in aliis, qui ex vobis sunt, et in ipso Paulo et ceteris apostolis; 2. confidentes, quia hi omnes non *in vacuo cucurrerunt,* sed in fide et iustitia; et ad debitum sibi locum a Domino, cui et compassi sunt, abierunt, quia non *hoc praesens saeculum dilexerunt,* sed eum, qui pro ipsis et pro nobis mortuus est et a 100 Deo resuscitatus.

X. In his ergo state et Domini exemplar sequimini, firmi in fide et immutabi-les, fraternitatis amatores, diligentes invicem, in veritate sociati, mansuetudinem Domini alterutri praestolantes, nullum despicientes. 2. Cum possitis benefacere, nolite differre, *quia eleemosyna de morte liberat.* Omnes vobis invicem subiecti 105 estote, *conversationem vestram irreprehensibilem habentes in gentibus, ut ex bonis operibus vestris* et vos laudem accipiatis, et Dominus in vobis non blasphe-metur. 3. *Vae autem per quem nomen Domini blasphematur.* Sobrietatem ergo docete omnes, in qua et vos conversamini.

XI. Nimis contristatus sum pro Valente, qui presbyter factus est aliquando 110 apud vos, quod sic ignoret is locum, qui datus est ei. Moneo itaque, ut abstineatis vos ab avaritia et sitis casti et veraces. Abstinete vos ab omni malo. 2. Qui autem

---

86. *prospectorem* c. p (*prossp.*) v (in hoc corr. ex *prospectatem*): *prosperatorem* f o | *Deum* c. p v: *Dominum* f o | *nos: vos* p – I Petr. 4, 7. Matth. 6, 13; 26, 41.

VIII, 1. 89. *ergo* c. p: *autem* f o v | *toleremus* c. f o p: *toleramus* v | 90. *Iesus* c. p: om f o v | *substulit* p | *suo:* est etiam in v | 91. *inventus est dolus* c. f o p: *dol. inv. est* v – I Petr. 2, 24. 22.

2. 93. *indicium* c. o: *iudicium* f p v | 94. *credidimus* c. f v (in hoc a prima manu corr. ex *credimus*): *credimus* o p

IX, 1. 95. *igitur: ergo* o | *iustitiae* c. f o p: *eius* v | *quam:* om p | 96. *oculata:* in v corr ex *oculta* | *his beat.* c. p cf. 12,1: *beat. illis* f o v | *scilicet:* om o | 97. *ipso* c. p v: om f o | *ceteris:* praem *in* f o

2. 98. *hi omnes non* c. p v: *non hi omnes* f o | *vacuo* c. o v coll p: *vacuum* f Vulg., *vano* p | 99. *a a. Domino* c. p: *cum* f o, om v | 99 sq. *hoc praesens saeculum* c. p: *hoc saeculum* f o, *in hoc saeculo* v | 100. *eum qui: cum* v – Philipp. 2, 16. II Tim. 4, 10.

X, 1. 103. *invicem:* iteravit p | *mansuetudinem* c. f o p: *mansuetudine* v, qui *mans. Domini* construxit cum *sociati* | 104. *Domini* c. codd: om Usher aliique

2. 104. *possitis* c. p v: *potestis* f o | 106. *irrepr.* (*inrepr.* p) *habentes* c. p v: *considerantes irreprehensibilem* f o – Tob. 4, 10. I Petr. 2, 12.

3. 108. *autem* c. p v: add *illi* f o – Ies. 52, 5.

XI, 1. 110. *factus est* c. f o p (hic ante *presbyter*): *est factus* v | 111. *ignoret is* em Usher: *ignoretis* codd | *itaque* c. p v: add *vos* f o | 112. *vos a. ab avaritia:* om f | *et a. veraces* c. o: om f p v

non potest in his se gubernare, quomodo alii pronuntiat hoc? Si quis non se abstinuerit ab avaritia, ab idololatria coinquinabitur et *tanquam inter gentes*
115 iudicabitur, *qui ignorant* iudicium *Domini. Aut nescimus, quia sancti mundum iudicabunt,* sicut Paulus docet? 3. Ego autem nihil tale sensi in vobis vel audivi, in quibus laboravit beatus Paulus, qui estis in principio epistolae eius. De vobis etenim gloriatur in omnibus ecclesiis, quae Deum solae tunc cognoverant; nos autem nondum noveramus. 4. Valde ergo, fratres, contristor pro illo et pro
120 coniuge eius, quibus det Dominus poenitentiam veram. Sobrii ergo estote et vos in hoc; et *non sicut inimicos tales existimetis,* sed sicut passibilia membra et errantia eos revocate, ut omnium vestrum corpus salvetis. Hoc enim agentes, vos ipsos aedificatis.

XII. Confido enim, vos bene exercitatos esse in sacris literis, et nihil vos latet;
125 mihi autem non est concessum. Modo, ut his scripturis dictum est, *irascimini et nolite peccare,* et *sol non occidat super iracundiam vestram.* Beatus, qui meminerit; quod ego credo esse in vobis. 2. Deus autem et pater Domini nostri Iesu Christi et ipse sempiternus pontifex, Dei filius Iesus Christus, aedificet vos in fide et veritate et in omni mansuetudine et sine iracundia et in patientia et in
130 longanimitate et tolerantia et castitate; et det vobis sortem et partem inter sanctos suos, et nobis vobiscum et omnibus, qui sunt sub caelo, qui credituri sunt in Dominum nostrum Iesum Christum et in ipsius patrem, qui resuscitavit eum a mortuis. 3. *Pro omnibus* sanctis *orate.* Orate etiam *pro regibus et potestatibus* et principibus atque pro persequentibus et odientibus vos et pro inimicis
135 crucis, ut fructus vester manifestus sit in omnibus, ut sitis in illo perfecti.

XIII. Scripsistis mihi et vos et Ignatius, ut, si quis vadit ad Syriam, deferat literas meas, quas fecero ad vos, si habuerimus tempus opportunum, sive ego, seu legatus, quem misero pro vobis. 2. Epistolas sane Ignatii, quae transmissae sunt vobis ab eo, et alias, quantascunque apud nos habuimus, transmisimus
140 vobis, secundum quod mandastis; quae sunt subiectae huic epistolae, ex quibus

---

2. 113. *in his* h. l. c. v: p. *se* p, a. *non* f, om o | *alii (alio* o) *pron. hoc* c. f o v: *hoc aliud pronuntiatur* p | 113 sq. *se abstinuerit* c. p v: *abst. se* f o | 114. *idolatria* p v | 115. *qui* c. f p v: add *autem* o | *aut* c. p v: *an* f o – I Thess. 4, 5. I Cor. 6, 2.

3. 117. *epistolae* c. f o p: *ecclesiae* v | 118. *etenim* c. f o v: *enim* p | *Deum solae tunc* c. f o v: *s. t. Dominum* p | 119. *noveramus* c. f o: *cognoveramus* p v

4. 119 sq. *pro* a. *coniuge* c. f o p: om v | 120. *veram* c. p: *vestram* f o v – II Thess. 3, 15.

XII, 1. 125. *modo:* cum antecedentibus hanc vocem construunt f o | *ut his scr. dictum est* c. f o v: *uti his scripturis. Dictum est enim* p | 127. *quod:* iteravit p – Ps. 4, 5. Eph. 4, 26.

2. 128. *et ipse* c. p: *ipse* f o v | *pontifex:* om v | *filius Iesus* c. f o: *filius eius* v, *fil. eius Iesus* p | *aedificet: deificet* p | 129. *in omni* c. f o v: *omni* p | *et in patientia* c. f v: *in pat.* p, om o | 131. *nobis* c. p v: *in nobis* f o | *omnibus:* praem *in* o | 132. *sunt:* om v | *nostrum:* om f | *Iesum* c. f o: praem *et Deum* p, *et Dominum* v

3. 134. *et principibus atque* c. f o v: *atque pr. et* p – I Tim. 2, 1. 2.

XIII, 1. 136. *et vos et Ign.* c. f o p: *Ignathius et vos* v | *quis* c. f o v: *qui* p | 137. *litteras* v | *oportunum* p v

2. 139. *ab eo* f (corr. ut videtur ex *habeo*) p *(abeo): habeo* o v | 140. *subiectae* c. f o v: *subiunctae* p

magnus vobis erit profectus. Continent enim fidem, patientiam et omnem
aedificationem ad Dominum nostrum pertinentem. Et de ipso Ignatio et de his,
qui cum eo sunt, quod certius agnoveritis, significate.

XIV. Haec vobis scripsi per Crescentem, quem in praesenti commendavi
vobis et nunc commendo. Conversatus est enim nobiscum inculpabiliter; credo,   145
quia et vobiscum similiter. Sororem autem eius habebitis commendatam, cum
venerit ad vos. Incolumes estote in Domino Iesu Christo. Gratia ipsius cum
omnibus vestris. Amen.

141. *vobis erit* c. f o p: *erat vobis* v | 142. *his* c. p: *ipsis* f o v

XIV. 145. *enim* c. o p v: om f | 146. *vobiscum* c. f o p: *vobis* v | 147. *gratia* c. v (non *et gratia*): *in gratia* f o p | *ipsius* c. f o v: om p | 148. *vestris* c. f o p: *vobis* v | *amen:* add *explicit epistola sancti Polycarpi martyris Smyrnaeorum episcopi discipuli sancti Iohannis evangelistae* o

Register

Die Angabe A verweist auf Fußnoten.

A. Autoren

B. Quellen

4. Patristische Literatur

C. Namen und Sachen